ここに日本がある

三越日本橋本店に見る〝もてなしの文化〟

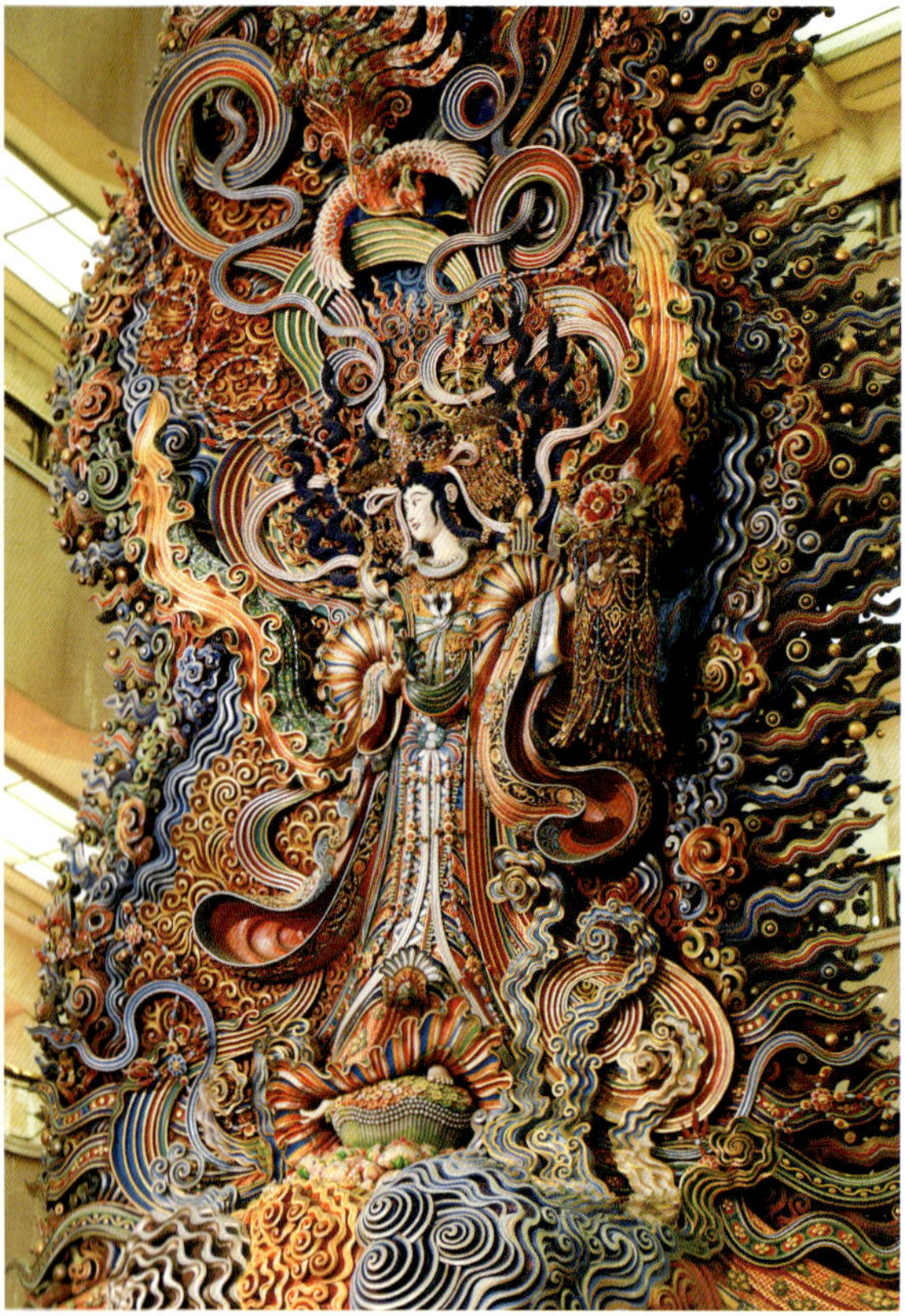

三越日本橋本店中央ホールに
1960年（昭和35年）以来鎮座する天女像
高さ10.91m、幅4.39m、総重量6750kg

背面

はじめに

今和次郎《こんわじろう》という人がいる。1923年（大正12年）の関東大震災後に、都心の焼け跡を歩き回って、そこらのものをスケッチしたり、街行く人々を観察して、その人数や持ち物まで克明にメモし、3年後には「しらべもの展覧会」まで開催した。その時、自分のやっていることを「考現学」（モデルノロジー：modernology）だと宣言した。そんな学問はどこにもなかったが、彼は「考古学」の手法を現代社会に応用したまでだと説明した。世間は彼を奇人視したが、その著作は学者やジャーナリストにずいぶん役立てられた。後世、彼の「考現学」を継ぐものが何度も現れ、「生活学会」、「現代風俗研究会」、「路上観察学会」などと名乗って活動をした。その元祖「考現学者」今和次郎が、1929年（昭和4年）当時の生活と風俗を描いた本の中にこんな記述がある。

『『東京』この言葉の連想のうちで、もっとも華やかな色彩を感じさせるものは何を置いても三越である。東京を見物する者が、宮城、明治神宮とともに、主要項目のなかに三越を入れていないなどと云うことは考えられない。あそこに行けば、凡てが解る。近代の都市の一切がある。近代の都会の一切の人々が出入りしている。だから、三越に行くことは、都会の華やかなるものをすべてコンデンスして吸収することが出来るわけなのである。

デパートの流行、もちろん、それは三越ばかりでなく、白木屋、松屋、松坂屋、その他の百貨店の隆盛は、最近に於いてますます急激なスピードをもっているのである。……（中略）

盛装をこらした奥様、頬紅ひき眉毛のモダン・ガール、その他のお内儀さん、オールド・ミス、洋装、和装、彼女たちは劇場に行くと同じ気持ちで、流行品をあさり、昂奮と興味をもって、一階二階三階と、むかしの祭礼の時のように練って歩いている。」（『新版大東京案内』上巻、ちくま学芸文庫）

この文に出てくる「三越」は日本橋本店と考えて良いだろう。三越は、この記事の2年前1927年（昭和2年）に関東大震災で受けた被害を修復して新しくなり、次の年1928年（昭和3年）には「株式会社三越呉服店」から「株式会社三越」に商号を改称した。銀座支店ができるのは1930年（昭和5年）だ。それはともかく、世相観察者の記事からは、昭和初期における百貨店の隆盛ぶりや人々の昂揚具合がよく伝わってくる。

江戸の呉服商「三井越後屋」（創業1673年（延宝元年））が、株式会社三越呉服店（三井の越後屋からの命名）となり「デパートメントストア宣言」をしたのが1904年（明治37年）。日露戦争の年である。それが関東大震災による焼失を乗り越え、今まで以上の華やかさを取り戻した時期が、ちょうどこの昭和初期だった。しかし、その華やぎも数年のうちに戦時体制下に組み入れられて消え失せ、第二次大戦の東京空襲で炎を浴びた。それでも焼け跡の中からまたフェニックスのようによみがえり、高度成長期の大衆消費社会の牽引車《けんいんしゃ》的存在になる。それは、今和次郎の描いた昭和初期のデパートの姿とさほど変わらず、庶民の暮らしの半歩先を行くラグジュアリーな華やぎを持ち、昂揚した気分で垣間見る祝祭空間だった。

しかし、年号が平成になる頃、つまり日本の〝バブル景気〟が終焉を迎える頃から風向きが変わってきた。ショッピングセンターや専門店が競って出店して地価を高騰させ、ラグジュアリーなものは巷に溢れているものの、人々は先行きへの不安から消費を控えるようになってきた。以来、日本経済の長い停滞は世紀をまたぎ、「失われた20年」を超えて続いている。統計的に見ても、百貨店の売上高は、ずっと対前年比マイナスを続けている。その間、三越もまた無風状態ではなかった。外部からの天災や戦災ではなく、内部の経営問題で世間の大きな批判を浴びた。

こうした逆風からの転換を図り、長いスパンを考えてのサバイバル戦略として大きく舵を切ったのが、同業・伊勢丹との経営統合（２００８年・平成20年）そして合併（２０１１年・平成23年）だった。

「デパートの時代はもう終わった」と見る人もいれば、「デパートは再々度、フェニックスのように甦る」と見る人もいるがどうだろう？　極論に走らず、客観的に考えると、「百貨を集めて売る」というデパートの業態に限界が見えているのは確かなようだ。ネット通販やさまざまなビジネスモデルによるＥコマース（電子商取引）の拡大はもう止まらない。人々は、「どこでも買えるモノ」を「わざわざ」買いに来ない……。だが、この言葉にこそ、未来をのぞくカギがある。

どんなに通販が普及し、ヴァーチャルな体験が高度になっても、人々は街に出かけ、にぎわいに触れ、人と交流し、新たな発見や感動に喜ぶことをやめるとは思えない。一見、非合理で非利己的、不利益そうなことでも、人は「わざわざ」出かけるのではないだろうか？　そこで見つけるもの、手に入るものがモノでなく、コト（エクスペリエンス）であっても良いはずだ。美術館やテーマパークに何万もの人が出かけているではないか。旅行ともなれば何億人という規模だ。

より深い知識、高いスキル、より洗練された教養、センスを得る機会も歓迎されるだろうし、何かしらの悩みや問題解決に繋がるソリューションを求める人もいる。個人単位でなく、地域や団体というくくりで見たときにはじめて見えてくるニーズもあるだろう。それらにこたえて提供するサービスがすべて「ここにしかない」価値を帯びてくる。この価値こそ、衣食住に関わるモノだけでなく生活文化の向上やライフタイル提案を続けてきたデパートの本当の価値ではなかっただろうか？　それは時代によって廃《すた》れるのでなく、変容しつつ受け継がれるもののように思える。「百貨をそろえ」なくても良い時代の、店のありかたと思える。

三越日本橋本店というのは、世界の数あるデパートの中でも、その見えざる価値をどこよりも多く持っている店に思える。２０１４年（平成26年）に出された「カルチャーリゾート百貨店」宣言というのは、その価値に気づいた三越日本橋本店の進路だろう。

本書は、ビザ緩和に伴う中国人観光客の急増で生じた〝爆買い〟ブームが終わる頃から取材を始めた。「２０２０年の東京五輪」を節目とするインバウンド効果とやらに、根拠の弱い期待を寄せ、日本流の「おもてなし」をもてはやす風潮も落ち着いてきた時期でもある。２０２０年はゴールではなく、日本が、日本的な価値がなんであるかに気づいて、ゆっくりだが、確実に歩き出すスタートになるのではないかと考えながら取材を重ねた。

「おもてなし」も、英語でいうhospitalityではなく、courtesyでもない。Integrity（高潔、誠実）のニュアンスも不可欠だから、このまま「ＯＭＯＴＥＮＡＳＨＩ」としか訳せない世界語になるのではないか、などとも考えたりした。

本書執筆にあたっては、三越日本橋本店の方々のみならず、地元日本橋の商店主の方々や、江戸東京博物館など店外の多くの方々にもお話をうかがった。その取材レポートとサンドイッチにして、店のシンボルであるライオンのモノローグで構成してみた。

２０１６年10月吉日

ここに日本がある

三越日本橋本店に見る〝もてなしの文化〟

目次

第1章
ロンドン・トラファルガー広場に立った日本人

ライオンのモノローグ〈その1〉

この国では、あらたに神仏を設ける際には「魂入《たまい》れ」をおこなうのだという。

私は神仏のたぐいではないし、設置にともなって修祓《しゅうばつ》や開眼《かいげん》の儀式めいたことをされた記憶もない。いや、そういうこともあったにせよ、なにぶんにも古いことなので覚えがないだけなのかもしれない。ただ、一種のアイコンとしての扱いを受けているうちに、魂らしきものが自分の中に生まれ、時空をあちらこちらに移ろいながら、やがて人語も解するようになったようだ。

現実の私は、青銅（ブロンズ）製のライオン像であり、東京の日本橋にある三越日本橋本店という百貨店の玄関に、左右に座り続けている。１９１４年（大正３年）10月１日以来だからゆうに１００年を超えた。

私が設置されたのは、それまで木造ルネッサンス式３

三越日本橋本店のライオン像

階建て仮店舗で営業してきたこの三越の店が3年がかりの工事の末に、ルネッサンス式の新館を竣工したときである。地下1階、地上5階、塔屋6階、延べ面積1万3210平方メートル、白煉瓦の建物は、当時「スエズ運河以東で最大の建築」と称されたというが、当時の私には、魂や自我のようなものは、まだ備わっておらず、その偉容ぶりはわからなかった。のちに伝聞で知ったことである。

これも伝聞で得た知識の一つだが、私には父祖に相当するものがいるという。それははるか遠い英国のロンドン市のウェストミンスターにいる。トラファルガー広場に立つ巨大なホレーション・ネルソン提督記念塔の足元に鎮座する4頭のライオン像がそれだ。放射状に置かれた4頭のライオン像は、たてがみなど細部が少しずつ異なっている。そのどれかをモデルとして、ただしほぼ半分に縮小されて私の原型が造られたらしい。

台座を含めて50メートルを超す高さのネルソン記念塔ができたのは1843年だが、足元にライオン像が置かれたのは1868

ロンドン・トラファルガー広場のライオン像

年。元になる原画を描いたのはエドウィン・ランドシーアで、鋳造したのは男爵カルロ・マロケッティであったというが、口さがないロンドンっ子に言わせれば、「ランドシーアは死んだライオンをモデルにした」、「ライオンや猫のたぐいは、伏せる時の姿勢がそれこそ猫背となって盛り上がるのに、この像は背がへこんでいる」、「ライオンというよりスフィンクスを真似たのだ」、「ランドシーアは猫好きだったから、その足はライオンでなく猫に似ている」などとも評したらしい。だがほぼ１５０年を経ての評価は「威厳に満ちている」、「大英帝国のシンボルにして守護神らしい」と変わり、今や英国観光名所の一つとして、時には広場で群れ騒ぐサッカーファンたちが背に乗るなどして、人々に愛されるアイドルだ。

（ランドシーアのライオンに関する記述は、The Victorian Web の英文サイトが面白い。www.victorianweb.org/sculpture/misc/landseer1.html）

門や玄関や霊廟《れいびょう》の前にスフィンクスやライオンのような神獣や、仁王のような怪力のシンボルを置くのは洋の東西を問わないらしい。

それにしても20世紀初頭の、極東の帝都・東京にできた近代的建築物の玄関にライオンを置くという発想は、誰が考えたのか？　三越の場合、その発想の主は分かっている。１９０６年（明治39年）４月に視察旅行に出発し、米国を回ってロンドンに来た、株式会社三越呉服店の専務取締役・日比翁助という男である。その２年前に三越は、「デパートメントストア宣言」をしているが、日比は欧米の一流百貨店の実情をより深く知りたいと考えて渡英した。とりわけハロッズ（ロンドンの高級百貨店）の経営に深く感銘を受けたという。この男については、のちにゆっくりと語りたいと思うが、今はネルソン像下のライオンとの出会いの話だ。

日比翁助

日比翁助はライオンが好きだった。いや、日本中がライオンに夢中だった。このライオン熱がもっとも高まったのは、１９０２年（明治35年）に、上野動物園がドイツのハーゲンベック動物園から、ライオン、ホッキョクグマ、ダチョウなど12種を購入したことがきっかけだったかもしれない。日本人は、伝説としての「獅子」は知っていたが、現実の動物としてライオンを見て驚いた。その堂々たる体軀、あふれる気品、周囲にとどろく咆哮に接し、「百獣の王」としてライオンを敬愛した。日比翁助は、久留米藩士の次男として生まれ、文武両道に秀で、南画も描く芸術家肌だったが、他人の何倍もライオンを愛したようだ。そのことは愛息に「雷音」と名付けたことからもうかがえる。

日比翁助は、イギリスのネルソン提督像の下に並ぶライオン像を見て、「これこそ、新築の三越本店を守護するにふさわしい」とひらめいて、すぐに、この像をモデルにしたブロンズ像を発注した。請け負ったのは、英国王立芸術院メンバーで、ヴィクトリア朝期から有名だった彫刻家レオナード・メリフィールドと鋳造家のエービー・バルトンだった。彼らは完成までに3年の歳月をかけたという。

こうして生まれたのが、前足から尾まで２６９㎝、頭までの高さが１２０㎝、まだ魂を持たない2頭のブロンズライオンだ。しかし、いつ、どんな経路でこの国に運ばれ、建物の完成まで、私たち2頭がどこに置かれていたのかはわからない。記録も記憶する人もない。ただ、ライオン好きになった日本人たちの目には、できたばかりの壮麗な建物にふさわしい玄関の象徴と映ったことは確かだろう。日比翁助の発想はぴたりと的を射た。

日比翁助の発想はいつも華やかさに向けられていた。それにアイコン好きだった。私たちが設置された8年後の1923年（大正12年）7月には、私たちの頭上に、金色のマーキュリー像も置かれることになった。マーキュリーとはローマ神話のメルクリウスの英語読み。ギリシャ神話ならヘルメス（フランス語読みならエルメス）だ。旅人や商人の守護神とされる。その像も約束事どおり、翼と2匹の蛇をあしらった魔法の杖（ケーリュケイオン）を持って天空に飛び立とうとしている。この像もまた、私たちの頭上にいるのである。

三越日本橋本店正面入口の上にあるマーキュリー像

しかし華やかな栄光の日々は短かった。天に、どんな思惑があったのかは知らないが、1923年（大正12年）9月1日のほぼ正午、関東大震災が帝都を襲った。のちにマグニチュード7.9と推定されるが、この大地震により、東京府と神奈川県を中心に全壊した建物が13万余棟、全焼が21万2000余棟。被災者は190万人にのぼり、14万人余が死亡あるいは行方不明になった。特に府内では、本所横網町あたりから発生した火災が、折から北陸沖にあった台風の強風にあおられて、旋風を起こしながら延焼し、都心部の４割強を燃やし尽くした。日本橋地区一帯そして三越全館も例外ではなく、夜半になって灰燼《かいじん》に帰した。

ところが、である。「天の気まぐれな配剤は人知を超える」というべき奇跡が起きた。私たちは、熱風と瓦礫と煤にまみれながらも、のちに残るような大きな傷は受けなかったのだ。そしてこの奇跡が、私に魂のタネでも植えつけたように思う。天が私に対して、「お前はまだ生きてもいない。今から生きよ。生きてこの店の復興を見とどけよ。これまで以上の繁栄をもたらせ」と呼びかけたのだ。

奇跡かと思えた体験は、その後にもう一度あった。私たちは、あやうく溶かされる運命から逃れたのだ。震災から18年後の１９４１年（昭和16年）12月のことである。その月の８日に、日本の真珠湾攻撃による日米開戦で、国を挙げての総力戦体制が敷かれ、金属類の供出が始まった。実は、この総力戦体制は、この時期よりはるか以前から始まっていた。

たとえば１９３３年（昭和８年）には、陸軍に91式戦闘機「三越号」を献納。空襲を想定した大防空演習にも参加。35年には、海軍にやはり飛行機「三越号」を献納。37年には大阪三越で「婦人非常服」を発表。38年は防毒マスクの通信販売を開始。天然繊維に代わる人造繊維「スフ」（ステープル・ファイバーの略、短繊維）を国策繊維とする運動の展覧会を開催。また人の面では、各店からの入営や徴兵応召者が急増した。……急速に戦時体制下に向かう流れの中で、三越は、国家総動員法の金属回収令公布に従った。私たちが、金属供出の対象となったのも止むを得ないことだった。私たちは、溶鉱炉のなかで鍋や電線クズなどと一緒に溶解される運命になったのだ。

だが、奇跡が起き、私たちはこの災難からも生きのびた。

供出金属の受け入れ先だった海軍の担当者たちは、私たちを原宿の東郷神社境内の片隅にあった防空壕の中に置くことに決め、溶解するのを先のばしにしてくれたようなのだ。東郷神社は、いうまでもなく日露戦争における日本海海戦の指揮官にして、「東洋のネルソン提督」と称された東郷平八郎元帥を祀った神社である。この措置は、明らかにトラファルガー広場の我が父祖たちの像と私たちの来歴を知ったうえでの粋なはからいであったかもしれない。

おかげで数十度におよぶ東京大空襲の焼夷弾からも逃れることができた。余談だが、東郷平八郎もまたライオン好きだったようで、千代田区三番町にあった彼の私邸にも小ぶりのライオン像が置かれていた。この像は、今は「東郷元帥記念公園」となった私邸跡地にあり、誰でも見ることができる。さらに余談を重ねると、私たちの行方は1945年（昭和20年）の終戦当時は、誰も知らなかった。多くの人が、溶解されたものと思っていた。だが、翌年になって、「ライオン像は無事らしい」との噂をたよりに東郷神社を訪れた三越の社員が発見して、やっと元の居場所である日本橋本店正面入口に再び設置されることになったのである。

三越の各支店（銀座、新宿、池袋など）に、1972年（昭和47年）、創業300年記念として、私たちの複製が作られ、それぞれの正面玄関に置かれるようになった。「三越といえばライオン」と人々に知られるようになったのである。

こうして生まれたたくさんの分身が、私のように魂とも自我ともつかぬ自意識を持っているかどうかはわからない。鋳型から次々生まれた同胞たちには、愛着は感じるものの、たまにしか挨拶を交わさぬ親戚のような繋がりを感じている。本店の地下には3体いるし、その他に、三井「越後屋」ゆかりの墨田区向島の三囲《みめぐり》神社や、世田谷の日本体育大学、三井家発祥の地・三重県松阪市の豪商ポケットパークなどに寄贈されている。

私たちが三越日本橋本店正面入口に置かれて100年余。戦後の据え直しから数えても70年以上が経過している。生きている野生の雄ライオンなら10年、飼われていても20年が平均的な寿命である。それに比べて、私たちの永すぎるほどの寿命は、青銅の鋳物だからといえばそれまでだが、ここに位置して、何らかのアイコンとしての役割を果たし続けていることで維持されているのだと思う。私たちが守護しているのではない。三越という暖簾《のれん》の庇護を受けているがゆえに生きのびている。この歴史は、1673年(延宝元年)の呉服店「三井越後屋」から数えれば、350年近くになる。

人は老いれば誰しも懐古趣味になるというが、自身の生きた時代のみならず、父祖の、そのまた父祖の代に遡《さかのぼ》ってもみたくなるらしい。自分のルーツなり系図なりをさがしたくなり、脈々と生きて継承してきた遺伝子を確認したくなり、生きてきた環境も知りたくなる。その憧憬のような感情が、現実を超えて時空を移ろう気分にさせる。しばらくは、私がじかに見聞したことや伝聞を語る「昔語り」と、時空を移ろいながら思いつくままにつぶやくことを許していただきたい。

三越日本橋本店ライオン像

第2章
江戸東京博物館が「三越呉服店」を特集

インタビュー〈その1〉

東京・両国に「江戸東京博物館」がある。１９９３年（平成5年）3月に開館した東京都立の歴史博物館で、「江戸と東京の歴史や文化を伝える博物館」にふさわしく、地上7階、地下1階の大きな建物の中には、江戸時代から現代にいたるまでの東京の変遷、人々の暮らしがうかがえる展示品が詰まっている。特に江戸ゾーンにある日本橋（原寸大で長さは半分）や歌舞伎の中村座、長屋の大型模型、三越の前身である呉服屋「越後屋」の模型などが目を引く。外国人の観光客も多い。

その江戸東京博物館の5階で、２０１６年（平成28年）3月19日から5月15日のほぼ2ヵ月にわたって、「近代百貨店の誕生――三越呉服店――」と題した企画展が開催された。公立の大きな博物館が、民間の一企業をフィーチャーする例は、皆無ではないものの非常にめずらしい。この企画展を立案し、構成したのは同博物館の管理課事業推進係主任で学芸員の田中裕二さんである。

江戸東京博物館内に常設展示されている三越の前身「越後屋」の模型

インタビュー

江戸東京博物館・学芸員　田中裕二さん

企画したきっかけは、学芸員として近代以降の、日本の博物館や美術館の歴史などを研究しているうちに、三越の存在感の大きさに気づいたことでした。明治半ばまで、日本で陳列して見せるものといえば、政府主導の博覧会と勧工場《かんこうば》が主流でした。それが20世紀になる前後から経営改革を進めた三越によって、様々な取組みが始められ、大衆が楽しめる状況が生まれました。近代的な都市文化の先駆的な発信者として位置づけられるべきだろうと考えたのです。

展示の構成は歴史を追って4つの章に分けました。第1章は、維新後に上野で開催された内国勧業博覧会や、その後、博覧会で売れ残った商品を販売した勧工場を取り上げ、陳列販売方式など、後の百貨店に繋がる〝祝祭空間〟演出の試みを、「前史」としてまとめました。第2章以降は、三井高利以来の越後屋呉服店を、近代百貨店に変え

企画展示室入口のポスター前に立つ田中さん

ていった3人の人物に焦点を当てて特集しています。つまり、高橋義雄、日比翁助、濱田四郎の3人です。

高橋義雄は1895年（明治28年）に三井銀行から三越の前身である三井呉服店の理事に就任し、米国のワナメーカーなどを参考にして、その小売り方法を導入。「座売り」から商品を陳列する、複式簿記の採用、女性店員の登用など数々の改革を行いました。また、1904年（明治37年）に三井呉服店は株式会社三越呉服店に改組されますが、専務取締役になったのが日比翁助です。この人も英国のハロッズなどを視察して経営の近代化を進めました。翌年に「デパートメントストア宣言」をしていますが、ずば抜けたプロデューサーでもありました。児童博覧会、色々な展覧会、美術展

高橋義雄

1896年（明治29年）
三井呉服店宣伝用ポスター

の開催、装飾、広告などにも才覚を発揮しました。当時の有識者、文芸家などを集めて「流行研究会」（流行会）をつくり、時代の流行や風俗を見てアドバイスしてもらうブレーンにしました。店頭にライオンを設置したのも彼ですね。

プロデューサーが腕を発揮するには優れたアートディレクターやクリエイターの存在が不可欠ですが、三越の社員であった図案家の杉浦非水や宣伝担当の濱田四郎がその期待に応えたのです。特に濱田は、「今日は帝劇、明日は三越」の名コピーを作りました。実際、それが東京市民のあこがれの文化的生活、ライフスタイルだったのでしょう。

今回は展示だけでなく、開催期間中に2回ほど講座を設けました。関東学院大学の神野由紀教授と私が担当しました。私の話は、以上のようなことですが、神野先生のお話は、「三越趣味の創生」という興味深いテーマでした。それは日比翁助が活躍を始める20世紀初頭からの30年間ぐらいは、日本に新中間層が台頭して広がりを見せた時代でも

「東都名所駿河町の図」歌川広重画

「駿河町越後屋呉服店大浮絵」
奥村政信画

あり、その人々が、三越が提案する文化的提案を「三越趣味」として歓迎したのだという内容です。

一例をあげると、１９０５年（明治38年）に三越は「元禄風図案懸賞募集」という催し物を企画しています。元禄は１７００年をはさむ前後20余年の江戸文化が華やいだ時期ですが、それがなぜか日露戦争後のこの時期に注目されました。三越は、その元禄をテーマに着物やいろいろな催事もおこなってブームをしかけ、大流行したのです。また、高尚で、蔵の奥深く収蔵されるような、あこがれだった美術品が、床の間に飾れる軸や身近な着物として享受できる。それが「三越趣味」だったのですね。

明治 44年「此美人」橋口五葉筆

大正 3年「美人」杉浦非水筆

今回展示した多数の写真やポスター、書籍などは、三越さんからお借りしたものを除いて、大部分が、当館で所蔵しているものです。長年にわたって、一般の方々から寄贈していただいたものや古書店などから購入したものが、それだけたくさんあったということです。これも見方をかえれば、いかに市民の間に三越のカルチャーが浸透していたかを示していると思います。

ちょうどゴールデンウィークもあり、今回の企画展は、多くの方々に見ていただけました。その方々がどんな感想をお持ちになったかは、推測するしかありませんが、営利を目的とする民間の一企業が、ここまで文化による生活の質の向上に取り組んできたという熱意に感銘されたのではないでしょうか？　今回の展示は戦前までの三越ですが、その強い信念というか理想のようなものは、現代にも脈々と受け継がれていると思います。

第3章
「越後屋、お主も春よのう」

ライオンのモノローグ〈その2〉

　このところ毎年、春を迎えると、地下鉄「三越前」の駅構内と、三越日本橋本店の中央通りに面した壁面に桜をあしらった巨大な幕が掲げられる。そこには「越後屋、お主も春よのう」と書いてあり、これを見つけた人々は、みな笑いながら店に入ってくる。

　国民的人気のTV番組だった『水戸黄門』は、いくつもの約束事でできていた。8時45分前後になると黄門様の〝印籠〟が登場するのもその一つだが、番組前半に、悪徳商人が出てきて役人に贈賄するシーンも約束事だった。その悪徳商人の名前は毎回ちがうのだが、いつの間にか「越後屋」だということになり、収賄した役人が、下卑た笑みを浮かべながら「越後屋、お主もワルよのう」ということまで、都市伝説になってしまった。

　三越の江戸時代における店の名も「越後屋」。こちらは、ワルどころか庶民の要望に応えるために経営努力を重ねてきた善玉である。恒例の看板は、この都市伝説を踏まえた上で、「ワル」を「春」に変えたシャレだ。こんなことを説明しなくても、日本人なら誰でも知っている……。いや、昨今はそうでもなくなってきたようだ。『水戸黄門』を見たことがない世代、「越後屋」が、善悪はともかくとして、なぜ商人の代名詞なのかも知らない世代が増えている。

1914年（大正3年）に正面入口に置かれたライオン像である私たちも、当初は「越後屋」のことを知らなかった。永い歳月を経て、自我らしきものが芽生え、人語を解するようになり、ときに時空を超えて魂だけで動けるようになって、やっとこの店の故事来歴を知り、「三井の越後屋、だから『三越』になったのだ」と説明できるようになった。長くなるが、三井越後屋の創業話を語ってお聞かせしよう。

「越後屋」を創業したのは、1622年（元和《げんな》8年）に伊勢（三重県）松阪に生まれた三井高利である。四男四女の末子である。三井の家は代々三井越後守という武士であり、当主は今も「三井八郎右衛門」の名前を継ぐが、高利の父・高俊の代に商人となり、質屋をいとなむかたわら、味噌や酒を商うようになった。高利に大きな影響を与えたのは、賢夫人の母・殊法《しゅほう》であったようだ。商家育ちだった殊法は、信仰心あつく、勤勉で経理に明るかった。高利が14歳で一度、江戸に出た際には、餞別がわりに

10両分の木綿反物を持たせたとのエピソードもある。火事の多い江戸で焼け出された人は、まず衣類を欲しがると見越してのことだったという。

高利は江戸に出たものの再び松坂に帰って家業を継ぐが、1673年（延宝元年）、51歳のときに江戸本町1丁目、現在の日本銀行本店辺りに、間口9尺（2.7m）の呉服店「越後屋」を開業する。これが今日の「三越」に繋がる350年のルーツである。ただ高利は、店を任せた次男・高富らに松坂から指示を出していた。京都に仕入れ用の店も同時出店して長男に任せ、後に自分もそこに移っている。呉服の本場・京都にいたほうが何かと便利が良かったからだ。

高利親子の実践した「越後屋」の商法は画期的だった。それが有名な、〝店前現銀《たなさきげんきん》無掛値《かけねなし》〟である。

当時、小さな呉服店は、店先にある商品の現金小売りを行っていたが、大手の呉服商は見本を見せて注文を取る「見世物商い」や、得意先の屋敷に持ち込む「屋敷商い」、支払いは盆と暮れの2回の「掛売り」だった。当然、コストもかかるし貸し倒れのリスクも伴うので、相手の懐具合を見ての掛値売りにもなった。このすべての逆を行く「越後屋」商法は、買う方も売る方も安心できる健全商法だった。また、それだけではない。「小裂《こぎれ》何程にても売ります」とした。ビロード生地一寸（3㎝）四方でも売ったと『日本永代蔵』（井原西鶴）にも書かれている。また、「諸国商人売り《あきんど》」と名づけて、諸国への卸売りや買付けでも先駆けている……。こうした施策が評判を呼ばないわけがなく、店は大繁盛した。

だが、慣習に反した商法で繁盛する「越後屋」への、本町通、石町通の呉服屋仲間の嫉妬や反発も激しく、組合から締め出されて仲間はずれにされるなど何かと迫害を受けた。そんな折、1682年（天和2年）に歴史に残る江戸の大火（「八百屋お七」事件の火災）で江戸本町の店が類焼したこともあって、店を駿河町に移転。周囲には両替商が多い界隈だったこともあり、かねてから構想していた両替店も併設。間口7間（約13m）、奥行き20間（約36m）の店となり、幕府御用達となって、業容を全国規模に拡大し始めた。両替商で財をなし、後の三井銀行もこのとき誕生したことになる。

先に引用した井原西鶴の『日本永代蔵』では、この頃40人からの手代（店員）がいたが、それぞれに金襴、絹、羽二重などと扱う商品ごとに担当を持たせていることや、羽織の仕立てを急ぐ客には、待たせておいて数十人の手前細工人（お抱え職人）が対応して間に合わせたことなどが書かれ、「然《さ》によって家栄え、毎日金子150両ずつ均《なら》しに商売しけるなり」と書かれている。一日の売上げが150両といえば、現在の貨幣価値に換算して1500万円を超えただろう。

こうした繁栄ぶりに対して、反発もあれば追随も生まれるのは世の常で、おもしろいのは、越後屋の商法どころか、その商号さえも真似する同業者まで出た。1757年（宝暦7年）には、「越後屋は、駿河町の2店舗と大阪高麗橋の店だけなのでお間違いなきように」との引き札（チラシ）を江戸中に配布している。「越後屋」が江戸期商売人の代名詞のように認知され、定着していったのはこうした歴史があったからだろう。

さてさて、急ぎ足で「越後屋」創業の頃の歴史をなぞってみたのだが、創業者・三井高利の先見の明と大いなる統率力には感心するしかない。

1694年（元禄7年）に73歳で三井高利は没するのだが、子どもたちを集め、遺言として「一家一本」「身底一致」を申し合わせた。財産は分与するのではなく共有し、次の一代は三井家を分割しない「身底一致」の考えは「兄弟一致」とも言われ、一族が一致協力して事業の発展を目指すようにと言い遺した。

「また、高利は財産を相続において配分しない代わりに遺産を70という数字で表し、共有財産とした上で兄弟たちの利益の配分比率を決め、財産を元手金に「割り付けておく」という遺書を残した。高利の遺書は「宗寿居士古遺言」と呼ばれる。高利の遺志を受け継いだ長男・高平はその遺訓を元に1722年（享保7年）、新たな戒律「宗竺遺書」を制定する。「宗竺遺書」は高平を中心に兄弟と相談の上作成した三井家の家憲で、同族の処世法、事業上の措置、財産配分率、子孫の教育法など三井家の繁栄を保持するための規約とその尊守が細かく書かれている。「宗竺」とは高平の法名である。

その内容は、一族の一致団結から始まり、総領家の地位・権限、養子の扱い、幕府御用、物心信心など約50項目にも及ぶ。」

（「三井の歴史」三井広報委員会　http://www.mitsuipr.com/history/edo/sochikuisho.html）

三井高利の菩提寺は京都市左京区にある真正極楽寺（真如堂）である。驚くのは、三井高利没後も300年以上にわたって、有縁、ゆかりの人々が菩提を弔っており、多くの三井グループ社員や社友が慰霊に訪れていることだ。
私たちのように青銅の体を持つものに比べたら人間の寿命など儚い。それが何代にもわたって、高利の遺徳をしのび、受けた恩に感謝し続けるということに驚く。彼や彼女らはそうやって、高利の残した何かを継承してきた。経営上の知恵であり、生きる上での信条とか、志《こころざし》であろう。私の言う「魂《たましい》」かもしれない。

そう考えて、ふと三越のある周囲の街を見渡すと、祖先の残した「魂」を継承しつづけている古くからの店がたくさんあることにも気づいた。この日本橋界隈というのは、100年以上続く老舗《しにせ》が200店以上もあるという。日本という国は、老舗が多いことで知られるが、とりわけ日本橋は多い。この土地そのものにも、祖霊が生き続けるのにふさわしい見えざる力があるのだろう。

日本橋地区が開拓されたのは、1590年(天正18年)に、豊臣秀吉の命令で徳川家康が江戸に移封されてからだ。それまでは、近在の土豪であった江戸氏、葛西氏、豊島氏などを制覇した大田道灌《おおたどうかん》が、1457年(長禄元年)に築いた小さな城があったに過ぎない。また道灌は、日枝神社、築土神社や平河天満宮など、多くの神社を江戸城の守護として勧請、造営した。

徳川家康は、駿河などから大勢の人を引き連れて江戸に来て、江戸城の築城と周辺地域の開発を進めた。その工事の一環で、江戸城の外堀と江戸湾をつなぐために平川（日本橋川）を延長し、ここに2本の丸太を渡した木橋を架けた。諸説あるが、これが「日本橋」の起源との説もある。なお、駿河町の町名も、この町の通りに立つと南西方面に駿河の富士山を眺めることができたことに由来するという。

日本橋ができたのは1603年（慶長8年）、家康が征夷大将軍となり、江戸幕府を開府した年である。

一方、日本橋川沿いに「魚河岸」ができたのは、開府に先立つ1590年（天正18年）というから、開拓開始と同時期である。開拓を手伝うために住み付いた近隣の人々の台所として機能していたのだろう。家を建てたり、日々の暮らしに欠かせぬ衣食の需要を満たすために商人が集まり、それがまた賑わいを産み出すことになったことは容易に想像がつく。人が集まれば物資が集まり、人々は世間慣れし、目が肥え、商売にも長けてくる。住人には、「日本橋っ子」とも呼ぶべき気質が身に付いただろう。日本橋で今も繁盛する老舗の人々は、その気質と才覚を受け継いでいるのだろう。

「東海道五拾三次之内　日本橋朝之景」歌川広重画

第4章
江戸時代からの老舗が並ぶ街・日本橋

インタビュー〈その2〉

江戸時代からの老舗が並ぶ街・日本橋

日本橋小舟町に「伊場仙《いばせん》」のビルがある。江戸の浮世絵の版元であり、ビルにはそれをあしらった扇子と団扇《うちわ》などを売る店と展示館が入っている。玄関にかかる日除け暖簾《のれん》は、紺地に家紋と屋号が白抜きになっている。「紺地白抜き暖簾」は、日本橋の店に共通するデザインだ。よく見ると屋号の下に「創業１５９０年（天正18年）」と書かれている。なんと江戸移封を受けた徳川家康が江戸の開拓を開始した年である。

株式会社「伊場仙」の社長である吉田誠《のぶ》男《お》さんは、「日本橋ルネッサンス委員会」の幹事長でもある。

吉田誠男さん。
「紺地白抜き暖簾」の前で

インタビュー

日本橋の老舗「伊場仙」　吉田誠男《のぶお》さん

現在、浜松市中区に伊場町《いばちょう》という町がありますが、そこに居住していたうちの先祖が、三河、遠州、駿河を治めていた家康さんと共に3万人の人たちと江戸に来たのが慶長年間のころ。最初は日本橋川の開削などをやらされていたようですが、多くの人は工事が終わると三河に帰ってしまいました。でも、江戸に残ったわが先祖は、この町で暮らすことを選んで商売を始めました。紙や竹など、暮らしに必要な物資を商《あきな》ったようです。

それが代々続いておよそ１００年後、１７００年頃から団扇《うちわ》の問屋に切り替えたようです。紙と竹に付加価値を付けて売ることにしたのですね。これが「江戸団扇」ですが、近年では千葉の「房州団扇」が有名になっていますが、そこは竹の産地だったこともあり、「江戸団扇」の生産を引き受けていたからです。だから両者は同じ物。そして団扇に、さらに付加価値を付けるために絵柄を印刷しました。それが浮世絵の版元というその後の商売にもなっています。

屋号「伊場仙」の「仙」というのは、私を含めた5代ほど前の先祖から「仙三郎」と襲名するようになったからです。その前は伊場屋勘左衛門だったんですけどね。

「日本橋ルネッサンス委員会」というのは、正式には「日本橋地域ルネッサンス100年計画委員会」といいます。これは、江戸時代から文化・商業・情報の中心地として発展してきた、私たちの街日本橋が、かつての賑わいを失いつつある。これを、今後100年を見据えて、豊かでしかも潤《うるお》いのある街に復活させるさまざまな活動をする集まりのことです。

日本橋は、なんといっても江戸の基点であり、日本の道路の起点です。そして、長年培われてきた街の文化、地域のコミュニティー、歴史的な建築物など、数多くの〝資産〟が残されています。これらの個性ある日本橋地区の資産を、次の時代に継承し、経済の発展と共に失われた自然や環境をよみがえらせ、これらを将来に向けた新しい街づくりの中で生かしながら、次世代に向けた街を創るというのが活動のコンセプトなんです。

実にさまざまな活動をしています。たとえば、あの評判の悪い、日本橋の上に架かる首都高速道路を撤去あるいは移設しようという活動。あの高速道路は前の東京五輪に間に合わせてできたものですが、せっかくの橋と日本橋川にフタをされたようで、景観も良くない。撤去に賛成する人は多いですよ。同じ趣旨で活動している「名橋『日本橋』保存会」と協同で署名を集めたところ、2015年末までに賛同者が33万人にもなりました。まあ、この陳情が実ったとしても、工事には何年もかかって次の2020年の東京五輪には間に合わないけど、いずれは実現したいですね。

日本橋の上を首都高が走る

それから街のにぎわいのために、「桜フェスティバル」などもやっていますし、江戸文化を学ぶ勉強会「江戸まち塾」も開催しています。それに、似たような事情で活性化に取り組んでいる日本中の町、たとえば長崎、長野の小布施《おぶせ》、三重の松阪、さらには海外にも視察に出かけています。メンバーは、日本橋の店や企業二百数十社で、毎月1回の定例会議をやっています。なんとか、銀座、浅草に負けないような賑わいにしたいですね。

少しずつですが成果を感じています。２００４年に三井不動産が東急不動産と一緒に開発してできたショッピングビル「コレド（CORED＝Core+EDO の造語）」ができ、その後室町方面にも次々と「コレド」ができてからは、若い人や海外からの旅行客が増えましたね。そのテナントに入った老舗さんたちも、新しい工夫をしています。でも、まだまだ。大分の由布院も、埼玉の川越も、さっき話した小布施も、どの町も関係者は必死の取り組みです。こちらは、その危機感が少し足りないかもしれないですね。

私が考える日本橋の本当の価値っていうのは、古い建物とかじゃなくて、目に見えない何かなんですよ。その代表が三越日本橋本店の歴史だと思いますね。私たち地元の人間は、あそこを遊び場にして育った。96歳になる母親は戦前の店のことも知っていて、まだ下足番の人がいて畳で応接する売場もあったとか、その下足番の人は〝お帳場〟さんと呼ぶお得意さんの顔と名前を全部おぼえていたなんて話をしてくれます。〝お子様ランチ〟を最初に始めたのも三越だし、屋上に遊園地を作ったのも三越（１９５７年・昭和32年）。舶来物のチョコレートやキャンディーから、英国製の生地で背広を仕立てるのも、演劇を観に行くのも三越……ともかくモダンでね。それでいて、近所にスーパーなんてないからネギ1本買いに行くこともあった。そう、夢と現実を橋渡ししてくれる特別な場所、それは今も変わらないですよ。

最近は〝インバウンド〟といって、海外のお客さんに買物して欲しいと、どこの町や店でも懸命ですが、三越が、そして日本橋が売っているのは〝モノ〟だけじゃない。日本の文化、江戸の情緒です。この間も話題になったのは、三越の開店時にお客さまを迎える様子ですね。外国人が、感動してインターネットにのせたそうです。店員がそろって、にこやかに「いらっしゃいませ」とおじぎする光景が、日本的だというのです。

日本橋の賑わいを取り戻すためにも、三越さんともども、これからもいろんなことを仕掛けてみますので、期待していてください。

名橋・日本橋を愛し、守り続ける人たち

伊場仙さんの話にも出てきた「名橋『日本橋』保存会」は、日本橋の歴史を語り継ぎながら、年に一度、橋や日本橋川周辺の大掃除をしたり、「日本橋」祭りを実行したりする活発な地元団体の一つ。その事務局を三越日本橋本店総務部が引き受けている。担当の福島さんが説明してくれた。

インタビュー

名橋「日本橋」保存会事務局　**福島深雪さん**（三越日本橋本店総務部）

私は、三越日本橋本店総務部として、地元町会・団体・企業で構成の「名橋『日本橋』保存会」の事務局も担当しております。1968年（昭和43年）に発足したこの会では、毎年7月に「日本橋」橋洗いを開催のほか、様々な活動を行っています。

ご存知と思いますが、日本橋は江戸幕府開府の時に架けられまして、江戸から各地にのびた五街道の原点でした。初代の日本橋の規模は全長28間（約51ｍ）、幅4間2尺（約8ｍ）。ケヤキの木橋でした。橋の欄干に配された擬宝珠《ぎぼし》は、格の高い橋だけに見られるもので、江戸では日本橋、京橋、新橋の3橋だけです。この面影を忍びたい方は、その北半分を実物大で再建したものが江戸東京博物館にありますからご覧になってください。大きさに驚かれると思います。

日本橋は、明治以降も国道の起点とさだめられ、橋の道路中央部には「日本国道路元標《げんぴょう》」があります。その複製は橋の北西詰めの「元標の広場」に設置されています。日本橋の上からは、北に上野の寛永寺、南に富士山、西に江戸城、東には海を望むことができたそうです。そして東海道をのぼる人たちは、歌にあるとおり、この橋を「七つ立ち」して出かけました。「七つ」というのは今の早朝4時頃。ちなみに日本橋から京都・三条大橋まで126里半（約492㎞）。当時の庶民が普通に歩いておよそ半月、15日間を要しました。1日当たり30㎞以上歩いたことになりますから、昔の人は健脚だっ

たのですね。

日本橋はできてから何度も焼失して、現在の石造りの橋は20代目。総工費は今の金額で約6億円。1911年（明治44年）に建造されました。ルネッサンス様式で、全長約49m、幅27・273m。麒麟《きりん》と獅子の彫刻が印象的なこの橋は国の重要文化財にもなっています。第2次大戦の空襲では、周囲も焼けたのですがこの橋は奇跡的に残りました。

豆知識ですが、橋の親柱に書かれた「日本橋」の文字は、江戸幕府最後の将軍、徳川慶喜さんに当時の東京市長・尾崎行雄さんが依頼したとか。ご存知でしたか？

歴史に名高い日本橋の「魚河岸」は、関東大震災以降、築地に移るまでは、日本橋の袂《たもと》にありました。最盛期には、歌舞伎や吉原と並んで、一日千両（今の1億3000万円以上）も売り上げたそうです。

でも、前の東京五輪の前年（1963年・昭和38年）に、都心の交通混雑回避のために首都高速道路が、橋と下を流れる日本橋川の上に架かって以来、景観は変わってしまいました。この橋を愛する地元の方々の熱い気持ちは、代々受け継がれ、2003年（平成15年）には、「創架400周年」、2011年（平成23年）には「20代目日本橋架橋100周年」のイベントが盛大におこなわれました。いずれも、沿道には十数万人もの人々が集まったのですからすごいですね。

三越日本橋本店は、日本橋そして周辺のお店や企業の方々と共に、長い間、商いを続けてまいりました。日本橋地域の繁栄と、この歴史や文化を未来へつなぐお手伝いができればと思い、微力ながら事務局を務めております。自分たちに何ができるだろう？　といつも考えていますし、地域のシンボル「日本橋」を通して地元の皆さんと交流できるのは、とても貴重な経験です。日本橋についての面白い話題は、まだまだたくさんあるので、機会があればまたお話しさせてください。

橋洗い

江戸の「食」を受け継ぐ、老舗の若手たち

日本橋には老舗の飲食店が多い。その若い担い手たちは、「三四四会《みよし》」という組織をつくっている。元をたどれば、半世紀前に日本橋料理飲食業組合青年部として生まれたもの。以来50余年、当時の若手も今や隠居や当主であり、その子や孫、あるいは創業したてのホヤホヤメンバーなど約60名で組織を引き継いでいる。

「三四四会」会員の店の場所は、日本橋の本町、室町だけでなく、小舟町、小伝馬町、大伝馬町、京橋、八重洲、銀座、有楽町と戦前の区割りである日本橋区をカバーしている。

会の名称「三四四会《みよし》」というのは、1969年（昭和34年）4月にできたからだという。会長・佐久間一郎さん（鮨店「繁乃鮨」）、副会長の岩本公宏さん（うなぎ割烹「いづもや」）、会計の鴛尾明さん（うなぎ「高嶋家」）に話をお聞きした。ちなみに、昔から江戸で人気の食べ物は、そば、天ぷら、鮨にうなぎの4種だといわれている。

インタビュー

日本橋「三四四会」　佐久間一郎さん
（鮨店「繁乃鮨」）

初代が「繁乃鮨」を開店したのが1949年（昭和24年）、今は鮨屋ですが、前身は明治期に創業した「高藤」という魚問屋で、そののちに分家しました。私は日本橋生まれで、大学卒業と同時に家業に入り、父親（2代目の司郎氏）のもとで修業しました。その後、3代目として店を継いだのが2001年（平成13年）のことです。魚屋だったせいか、魚の目利きはきびしく教えられてきました。うちは代々、宮内省（現・宮内庁）御用達で、その賢所《かしこどころ》（神事を行う神殿）に鮮魚をお納めしてきました。魚河岸に行くと、長年のつきあいによって信頼の置ける店があり、新鮮で美味しい魚を分けてもらえます。

「三四四会」はもう50年以上も続いています。会の活動としては、真摯に料理作りに励むことで日本橋の味を守り、会員間の交流の輪を広げようと常日頃親睦と研鑽に励んでおります。近年は地域のさまざまな活動にも積極的に参加し、三井不動産主催の「桜まつり」

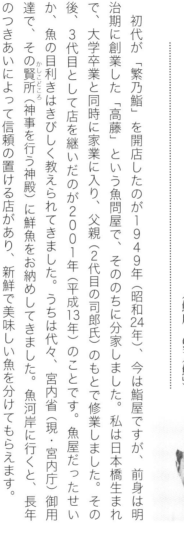

の屋台や、三越の中央ホールで行った「ゆかた自慢会（ゆかたファッションショー）」などのイベントにも出て、地域の活性化という課題にも食を通じて、前向きに取り組んでいます。

会のメンバーは、業種も業態も新旧さまざまでバラエティに富んでいます。それはちょうど、歴史的な佇《たたず》まいを残しながらも超近代的都市という側面を持つ、いわば二面性を有する日本橋の街の様子と重なります。そして、それらがうまく融合し、「古いけど新しい、新しいけど古い店」という独特の風情を生んでいるのではないかと自負しています。

日本橋の店に共通しているのは、どこか〝ゆとり〟がある商いの仕方です。がつがつしていない。それは、お客さまに、料理と一緒に空間や時間を楽しんでもらおうという姿勢です。お客さまも上品な方々が多く、食を通して会話の時間を楽しもうとされるのが特徴ですね。また、お客さまに育てていただいている感覚も常に持っています。

お客さまをもてなす日本のサービス品質は、これからも大事にしていきたいです。三越さん

も高島屋さんもコレドさんもわれわれ「三四四会」も一体となって、日本橋にお越しいただいたお客さまに喜んでいただき、街をもっと好きになっていただけるように努め、食のバトンを繋げていきたいですね。

インタビュー

日本橋「三四四会」　岩本公宏さん
（うなぎ割烹「いづもや」）

うちはうなぎ割烹を営んでおります。先々代が１９４２年（昭和17年）に、神田美倉橋付近のガード下で鰻と焼鳥の店を出したのが商いの始めだそうで、政治家や新聞記者等で流行ったそうでございます。戦争が激しくなり一時期商売をやめていたものの、戦後すぐの１９４６年（昭和21年）に、今の本石町３丁目で再出発しました。当店ではこの年を創業年としております。明治期、関西には「いづもや」という屋号の鰻屋が約２００軒程あったそうですが、先々代は戦前、大阪で修業したようで、そこからとったのではないかと言われています。当時は島根、つまり出雲の国・宍

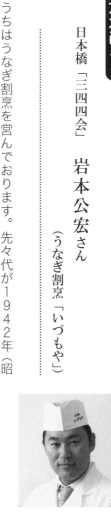

道湖でとれる鰻が最上といわれていたため、鰻屋に「いづもや」という名前のお店が多かったと言われております。

「日本橋三四四会」は、やはり親父の跡目を継いで入会致しました。「三四四会」には様々なジャンルの料理屋が加盟しておりますが、同業の鰻屋も多いことから、見習うべきところは見習い、お互いが切磋琢磨して、より良い料理と接客で、お客さまにお喜びいただくことを考え、日々励んでおります。この想いは、商売人なら誰もが持っている気質だと思います。

「いづもや」に来店されるご常連のお客さまの中には、お座敷より1階のテーブル席を好む方もいらっしゃいます。個室ではない分、仲居やホールスタッフなど、従業員側とお客さまが接する機会も増えますので、その中で生まれる会話を楽しまれているようです。私も最近ではお客さまにご指名頂く機会も増え、ご挨拶をさせていただいておりますが、

料理組合の会合等で地方へ出張することも少なくない中、電話予約の際に「若旦那いないの？　じゃ、また今度にする」と仰るお客さまもいらっしゃいます。ありがたい話ですが、正直、そんな時は申し訳ない気持ちでいっぱいになります。

「三四四会」の活動は多岐に渡ります。入会時より諸先輩方のやることを真似して覚え、経験を重ね、だんだん慣れてくると、色々なところから「力を貸してくれ」という話が舞い降りてきます。私と致しましても、出来るだけ街と一体感を創出できるような〝にぎわい〟を作ることができれば良いなと思っています。そんな時はやはり三越さんが中心になり皆が集まってきます。ここは昔から日本橋っ子の遊び場なんですよね。思い起こせば当時開催されていた「夏休み子ども博」は、とても楽しかった思い出があります。そんな三越に「いづもや」が出店依頼をいただいた時は最高に嬉しかったです。と共に、尋常じゃない責任感を感じたのを今でも鮮明に覚えております。

三越本館地下の「いづもや」では、鰻の焼き置きをしておりません。すべて注文を受けてからその場で焼いています。というのも三越のお客さまは本物をよくご存知です。中途半端なものでは納得されないと考えたからです。やる方は大変です。ですが、それが三越の鰻屋を任された責任感なのだと思っています。お客さまには大変お待たせすることになりますが、焼きたての鰻は言わずもがな、風味がまるで違うんです。最初は「買いにきて、なぜすぐないんだ」というお客さまも多くいらっしゃいましたが、お待ち頂き、お召し上がりになられ、ご納得いただいたのか、最近ではお客さまの方がご理解くださり「鰻が焼けるまで、他の売場を見てくるよ」なんて仰ってくださるんです。実に嬉しいですよね。この方式を実現するには相当苦労もしましたが、今となってみれば、こだわってやった甲斐があったと思っています。

インタビュー

日本橋「三四四会」　鴛尾《おしお》　明さん

（うなぎ「高嶋家」）

創業は１８７５年（明治8年）、今年で１４１年になります。場所は当初、神楽坂だったようですが、創業後すぐに今の日本橋小舟町に移ってきました。先々代の祖父は、日本橋料理飲食業組合　組合長も務め、若旦那会「三四四会」の創設メン

バーの一人でした。岩本さんも話していますが、日本橋にはうなぎ屋が多く、同業仲間で〝うなぎ会〟というのをつくって時々集まっています。ライバルではあるのだけど、みんな仲が良いですよ。それぞれに鰻とタレにこだわりがあり、お客さまもその違いでお店を選んでご贔屓にして下さっているようです。

当店のこだわりは、〝共水《きょうすい》うなぎ〟という、より天然鰻に近いといわれている静岡県産のブランド鰻を使用しているのと、焼き上げる炭は備長炭を使っていることですね。それと、う巻やうざく、白焼き、鰻重と、たっぷりうなぎを楽しめる〝うなぎづくし〟というコース料理も大変ご好評頂いております。

日本橋は歴史のある商社や薬品関係の会社が多いので、当店では大事なお取引先様をお連れ頂き、お座敷の個室でご接待されるお客さまが多いですね。こだわりの純米酒や国産ワインと一緒に、ゆったりとおくつろぎ頂いております。お好きな方はお昼に鰻重をお召し上がりになって、夜は商談をかねてコース料理と1日に2度もごひいきにしてくださるかたもいらっしゃいます。ありがたいことです。

日本橋の〝うなぎ会〟も、〝橋〟を挟んで広い地域にありまして、それぞれの場所ごとにお客さまの特徴が違うと思います。この日本橋界隈は、やはり三越さん、髙島屋さんを中心に、その長年のお客さま、そして大手企業にお勤めの方々が多いようです。

私も、岩本さんと同じように三越の屋上を遊び場にして育ちました。遊び場といってもちょっと特別な場所、〝よそゆき〟を着ていくところでしたね。それが子供心に楽しい。いや、大人になった今でも、店に入ると、浮き立つような楽しさがありますよ。

これからも「三四四会」の仲間たちと一緒に、日本橋の味を守りながら新しい工夫をして、もっと魅力的な街になるようにがんばっていきたいと思います。

コラム　日本橋１００年以上の老舗

２００店以上もあるという旧日本橋区内の１００年老舗。それらの店は、紺藍の暖簾《のれん》に商標か屋号が白抜きされているから見わけられる。個々のお店を訪ねたり、そのＨＰ（ホームページ）を見るだけでも面白い話がたくさん見つかる。

たとえば、「にんべん」で鰹節と引き換えるために発行された銀製の薄板が、今日の商品券の最初。人形町「玉ひで」の有名な親子丼は、五代目の妻とくが１８９１年（明治24年）に考案したもの。ハヤシライスは明治時代に「丸善」の創始者早矢仕《はやし》有的が考案。今も同店のカフェで食べられる。葺屋《ふきや》町（現在の人形町）で創業した「千疋屋《せんびきや》」は〝水菓子安うり処〟つまり日本初の果物専門店。お茶の最高級ブランド〝玉露《ぎょくろ》〟は１８３５年（天保６年）に「山本山」の六代目山本嘉兵衛徳翁が発明したもの。「榮太樓總本舗」は、甘名納糖（甘納豆）や榮太樓飴などの江戸菓子を生み出した。まだある。「吉野鮨本店」は、日本橋が魚河岸で賑わっている頃に屋台でスタート。「トロ」と名づけたのはこの店。「弁松《べんまつ》総本店」は折詰料理発祥の店。「鮒佐」も江戸末期からの佃煮発祥の店。味付け海苔は「山本海苔店」の二代目山本徳治郎が考案。「村田眼鏡舗」は、幕府御用の鏡師で、日本初の眼鏡専門店……てな具合で実に面白い。以下のリストを参考にして、ぜひ、じかにお店を訪ねてみてほしい。

創業年		店名	住所(中央区)
●うなぎ、そば、鮨、料亭など			
1760年(宝暦10年)	鶏料理	**玉ひで**	日本橋人形町1-17-10
1800年(寛政年間)	うなぎ・割烹	**大江戸**	日本橋本町4-7-10
1850年(嘉永3年)	割烹	**嶋村**	八重洲1-8-6
1863年(文久3年)	割烹	**日本橋とよだ**	日本橋室町1-12-3
1869年(明治2年)	そば	**室町砂場**	日本橋室町4-1-13
1874年(明治7年)	うなぎ	**喜代川**	日本橋小網町10-5
1875年(明治8年)	うなぎ	**高嶋家**	日本橋小舟町11-5
1879年(明治12年)	鮨	**吉野鮨本店**	日本橋3-8-11
1880年(明治13年)	ふぐ料理	**かねまん**	日本橋人形町1-16-7
1882年(明治15年)	そば	**藪伊豆総本店**	中央区日本橋3-15-7
1885年(明治18年)	天ぷら	**てん茂**	日本橋本町4-1-3
1889年(明治22年)	寿司	**蛇の市本店**	日本橋室町1-6-7
1897〜1906年頃(明治30年代)	鶏料理	**鳥徳**	日本橋茅場町2-5-6
1902年(明治35年)	そば	**日本ばし やぶ久**	日本橋2-1-19
1911年(明治44年)	鶏料理	**鳥忠**	日本橋人形町2-10-12
1912年(大正元年)	料亭	**玄冶店 濱田家**	日本橋人形町3-13-5
●甘味、菓子類			
1576年(天正4年)	和菓子	**玉英堂**	日本橋人形町2-3-2
1716〜1735年(享保年間)	和菓子	**日本橋　長門**	日本橋3-1-3
1837年(天保8年)	甘味	**初音**	日本橋人形町1-15-6
1857年(安政4年)	和菓子・飴	**榮太樓總本舗**	日本橋1-2-5
1861年(文久元年)	和菓子	**清寿軒**	日本橋堀留町1-6-1
1873年(明治6年)	和菓子・瓦煎餅	**人形町亀井堂**	日本橋人形町2-20-4
1877年(明治10年)	甘味	**江戸甘味處 水天宮つくし**	日本橋人形町2-1-12
1877年(明治10年)	和菓子	**三原堂本店**	日本橋人形町1-14-10
1884年(明治17年)	和菓子	**壽堂**	日本橋人形町2-1-4
1900年(明治33年)	菓子	**文明堂東京**	日本橋室町1-13-7

「まち日本橋」のHP「100年老舗」より抜粋

創業年		店名	住所(中央区)
●海苔、乾物ほか			
1688年(元禄元年)	蒲鉾	神茂(かんも)	日本橋室町1-11-8
1690年(元禄3年)	海苔	山本山	日本橋2-5-2
1699年(元禄12年)	鰹節	にんべん	日本橋室町2-2-1 コレド室町1階
1712年(正徳2年)	醤油・酒	国分(ROJI日本橋)	日本橋1-1-1
1737年(元文2年)	乾物	八木長本店	日本橋室町1-7-2
1834年(天保5年)	果物	千疋屋総本店	日本橋室町2-1-2 日本橋三井タワー
1849年(嘉永2年)	海苔	山本海苔店	日本橋室町1-6-3
1850年(嘉永3年)	弁当	日本橋弁松	日本橋室町1-10-7
1862年(文久2年)	佃煮	日本橋鮒佐	日本橋室町1-12-13
1907年(明治40年)	豆腐	双葉	日本橋人形町2-4-9
1912年(明治45年)	洋食	小春軒	日本橋人形町1-7-9
1914年(大正3年)	お茶	森乃園	日本橋人形町2-4-9
1914年(大正3年)	京粕漬	魚久	日本橋人形町1-1-20
●文具、小物など			
1590年(天正18年)	団扇・浮世絵	伊場仙	日本橋小舟町4-1
1653年(承応2年)	和紙	小津和紙	日本橋本町3-6-2
1689年(元禄2年)	漆器	黒江屋	日本橋1-2-6
1704年(宝永元年)	楊枝	日本橋さるや	日本橋室町1-12-5
1718年(享保3年)	刷毛	江戸屋	日本橋大伝馬町2-16
1783年(天明3年)	刃物	うぶけや	日本橋人形町3-9-2
1792年(寛政4年)	刃物	日本橋木屋	日本橋室町2-2-1 コレド室町1階
1806年(文化3年)	和紙	榛原(はいばら)	日本橋2-8-11 2階
1830年(天保元年)	箒	白木屋傳兵衛	京橋3-9-8
1842年(天保13年)	ゆかた	竺仙	日本橋小舟町2-3
1869年(明治2年)	本・文具	丸善	日本橋2-3-10
1872年(明治5年)	メガネ	村田眼鏡舗	日本橋室町3-3-3
1897年(明治30年)	地図	ぶよお堂	日本橋3-8-16
1912年(大正元年)	文具	有便堂	日本橋室町1-6-6

第5章
店内を案内する三越日本橋の「女将《おかみ》」

ライオンのモノローグ〈その3〉

毎月、第二土曜日になると、朝早くから大勢の人が私の前に集まる。三越日本橋本店が定期的に開催している店内見学会「歴史ツアー」に参加されるお客さまたちである。毎回、老若男女さまざまな人々が集まって楽しんでくれる。顔を見知ったリピーターの方もみえている。和装の若い男性もいる。

開店時間少し前、店から出てきて、「皆さま、おはようございます。ようこそお越しくださいました」と挨拶したのは、ツアーの案内人で、この店の通称「女将《おかみ》」である近藤紀代子さんである。いつもながら麗しい着物姿に満面の笑み、この日だけ使うという帯は、広重の浮世絵「するがてふ」の図柄だ。

見学ツアーを催す百貨店も珍しいだろうし、「女将」と呼ばれる人がいることも珍しいはず。三越日本橋本店ならではの催しである。

今日の見学者は、老若男女の混じった10人ほどだが、いつもと少し違う。何度も参加している三越日本橋本店の根っからのファンで、近藤さんが説明の合間に出す「三越の宝探しクイズ」も簡単に正解する人たちらしい。どうやら、今日は「歴史ツアー」

の特別版とやらで、ふだんは案内しないところまで見せるが、中身は秘密という「ミステリーツアー」のようだ。私も興味が湧いたので、魂になって、見学者について回ることにした。

店長以下、揃ってお辞儀しながらお客さまを迎え入れる朝の挨拶と共に、見学者たちが入る。メイン通路を抜けて、まず向かったのは、地下鉄への通路だった。

近藤さんは、道々、説明する。「当店には１日３万から５万人のお客さまがお見えになりますが、その35％までが、地下鉄『三越前』経由です。銀座線が開通したのが１９２７年（昭和２年）、店の名を冠した駅ができたのは１９３２年（昭和７年）。店内に続く柱の中には、当時からのものが残っています。柱の上部にアールデコ風の金属の飾りがあるのがそれです。また構内通路壁面には、江戸時代の風俗絵巻『熈代勝覧《きだいしょうらん》』のレプリカが展示してあるのもご覧になっているかと思います。それには駿河町に移って大きな店構えになった『越後屋』の姿も描かれ

ています。ほぼ２００年前の日本橋界隈の店と、色んな職業の人々が丹念に描かれています」

店内にもどって移動の途中、近藤さんは、エスカレーター傍の壁面にも注目をうながす。そこにはイタリアから輸入した大理石に残るアンモナイトなどの化石が見える。「店内の大理石には、古代生物の化石が大小合わせて1万３０００個もあるそうです。お時間のある方は、ぜひ探してください」と一行の笑いをさそう。

次に導いたのは、地下食品売場のさらに下層の階。荷物で埋まるバックヤードや設備用配管などをぬけると天井の狭い空間に出る。そこにあったのは、大きな柱とそれを支えているゴム製の免震装置だった。

「3年がかりの大変難しい工事だったのですが、この装置を付けたことで、２０１１年の東日本大震災の時も、都内は震度

「熈代勝覧《きだいしょうらん》」の案内をする女将

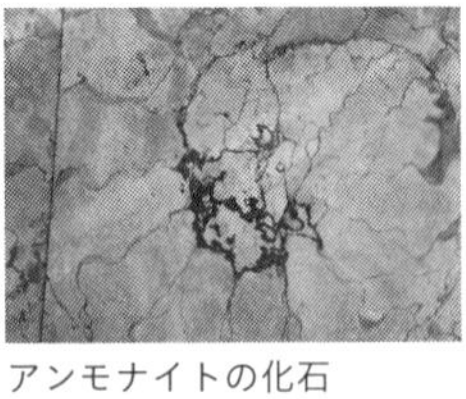

アンモナイトの化石

5でしたが当店は軽微な揺れに抑えることができました。３月11日は、約１０００人の方が当店に避難され、帰宅困難になった６００人の方がこの店で夜を過ごされました。以来、毛布や食料を備蓄し、有事に備えています」

「免震装置の周囲にあるコンクリートの中には、大正の関東大震災で被災した際の名残のタイル、昭和の改築時のタイルなども残っているのが見えますね」……なるほど、これはなかなか見ることのできないものだ。

一行は、３階から中央ホール吹き抜けの巨大な「天女像」を見下ろし、また回廊の飾りやステンドグラス、バルコニーにある１９３０年（昭和5年）購入の米国製パイプオルガンなどを案内される。このパイプオルガンも現役で、プロの演奏家が毎週金、土、日に、１日３回演奏を聞かせてくれる。ロンドンのハロッズ百貨店などを視察した日比翁助が、「お客さまに夢と感動を提供するのがデパートメントストアの使命」と考えて、音

毎週末に催されるパイプオルガンの演奏

ビルの最下層一面に広がる免震装置

楽や美術や文化催事を盛んに行ったという説明もされた。

「天女像」は10・91mの高さとちりばめられた無数の宝石に目を奪われがちだが、その台石のプレートには、この像の完成時（公開は1960年・昭和35年）に三越の社長だった岩瀬英一郎の言葉が刻まれている。

「まごころの光にみちびかれて　世の人のくらしのため　日々のつとめにいそしまん」とある。そういえば、この天女像の別名は「まごころ像」だった（コラム参照）。

4階で回ったのは呉服売場、いや〝お買場〟。上質の着物を仕立てるなら三越日本橋本店で、というお客さまが日本中からお見えになる。ここは、店の顔であり、呉服は「越後屋」以来のメイン商品であ

高さ10.91m、
重さ6.75tの天女像

る。ここでは、長年販売を務める宮原久男さんの説明が聞ける。折から加賀友禅を特集していた。

「京都の友禅染は金箔や金糸を用いますが、加賀友禅は藩命でそれは『御止め』になっています」、また目立つ場所のケースにある反物を取り出して広げながら説明する。「これは麻の上物で上布《じょうふ》です。日本の３大上布といわれる越後、宮古、芭蕉布などがそろっている店は当店以外、なかなかないと思います。お値段？　ここにあるのは１反３００万から４３０万円です」

「こちらは江戸小紋。もともとは裃《かみしも》用の藍の

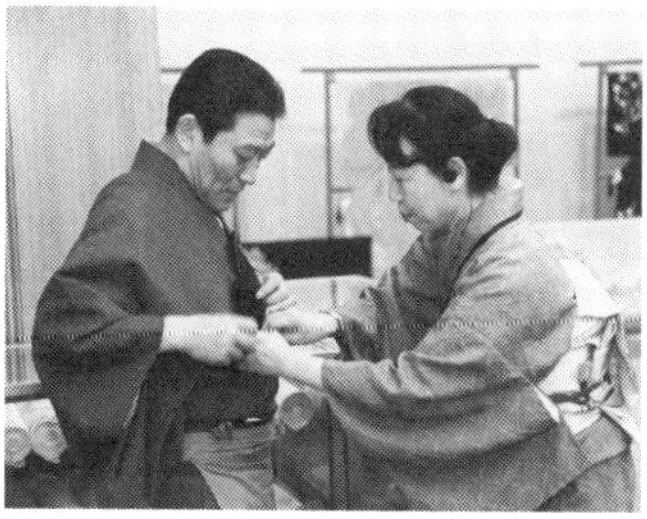

加賀友禅作家による手描きのデモンストレーション

染物なのですが、しだいに町人も使うようになり、粋な柄も増えました。『大根におろし金』なんて図柄の浴衣を着て芝居に行く。これは、大根は食中毒にならない、だから『当たらない』。下手な役者じゃ、芝居は当たらない。つまり大根役者への当てこすりなんですね」などというおもしろい話もしてくれる。

以下、一行は、6階の三越劇場、美術画廊、7階の「Hajimarino Cafe」などを回って屋上へ。一隅にステージも設けられた屋上は、かつて子供向けの遊び場として数々のアトラクションを催したところでもある。その向かいの隅に「三囲《みめぐり》神社」の分社が祀ってある。稲荷を祀る本社は墨田区向島にあるが、元禄の頃、日照りが続いた際に、この神社に雨乞い祈願をしたところ、霊験あって雨に恵まれたことで評判になった。ちょうど江戸に進出した三井高

屋上にある三囲神社の分社

利が、その評判を聞いて、越後屋の守護神として勧請、分霊を奉祀したという経緯がある。他の説明では、店のある江戸本町から見て向島が鬼門に当たり、それを封じてくれるとか、「三囲」の〝囲〟の文字に三井の〝井〟の字があって、それを守るかのようだと、ありがたがったなどの説がある。

こんな流れで、１時間を超える特別ツアーは終わった。参加した中の和装の若い男性は、「せっかく、三越日本橋本店に来るのだから、着物で来たかった」と語り、また、のべ６回も定例の見学会に参加してきたという若い女性は、「今日も新しい発見、新しい知識を得ました。ひとつの百貨店が、一貫してお客さまを喜ばせようと努力してきた永い歴史を持っていることに感動しますね。また参加したいです」と語っていた。高齢の女性は、近藤さんに、まだ何やらたずねている。応じて、にこやかに答える近藤さんも嬉しそうだ。

２０１６年（平成28年）７月に、三越日本橋本店本館が国の重要文化財に指定された。高島屋に次いで百貨店では２例目だ。報道以降、この建物に関心を持つ人が増えた。「歴史ツアー」参加者もさらに増えるかもしれない。

コラム

三越日本橋本店の天女「まごころ」像

　この店に初めて来た人が一様に驚くのは、5階分まで吹き抜けになった1階中央ホールに立つ大きな「天女」の像だろう。これは株式会社三越になって50周年の記念事業として作られたもので、1960年（昭和35年）4月19日以来、ここに鎮座している。そのスケールは、3・18mの台石（台座）を除いた高さが10・91m、幅が4・39m、中央で瑞雲に乗って花芯に降臨しようとしている天女の身長は2・73m、総重量6750kgという巨大さだ。

　製作者は近代を代表する彫刻家で日本芸術院会員であった佐藤玄々《げんげん》。福島県相馬郡の出身。フランスに官費留学して「弓を引くヘラクレス像」で有名なアントワーヌ・ブールデルに学んでいる。彼の代表作としては、皇居前大手濠緑地（現竹橋公園）に立つ「和気清麻呂《わけのきよまろ》」像がある。

　この天女像の材料には京都・貴船神社の山中にあった樹齢500年の檜《ひのき》を使い、約10年の歳月と延べ90人の弟子と職人たちの手をかけて、京都・妙心寺塔頭《たっちゅう》大心院に設けた住居兼アトリエで制作された。完成した像を東京に運ぶのに、分解した上で貨車11両に分載したという。除幕式での作者・佐藤玄々の挨拶はたったひとこと「私は佐藤玄々であります」だったが、臨席した人は皆、感動した。この時72歳、彼は3年後1963年（昭和38年）に亡くなった。

岩絵具と当時最新の化学絵具を組合せた鮮やかさの失せない彩色。台座や瑞雲《ずいうん》、天女の衣装や冠などには金や白金の截金《きりかね》が施され、美しい貴石もはめ込まれている。台座は七宝、手すりは真鍮《しんちゅう》だ。製作費は当時で1億5000万円。現在の貨幣価値に換算すると数十億円と見込まれている。

この像は下から見上げるだけでなく、3階バルコニーから裏側を見下ろしても見所が多い。瑞雲の彫刻が裏面にも施され、48羽の天鳥が飛び交い、たくさんの宝珠《ほうじゅ》があしらわれている。完成した当時、「キラキラし過ぎだ」と批判する声もあったが、「日光東照宮の陽明門や各地の彩色神像と同じ。この世ならぬきらびやかさに価値がある」との声が批判を上回った。

壮大・華麗なだけの印象ではない。天女の左手には天花を浮かべた玉盤が捧げもたれ、それを慕うように瑞鳥が舞っている様子が、なんとも美しく優しい。像の主題は、江戸時代の「越後屋」以来の伝統として大切にしてきたお客さまへの「まごころ」。これが天女像の別名でもある。当時の社長・岩瀬英一郎は、除幕式の挨拶の最後に、「この天女を日々仰ぎまして、私ども三越の者は、朝夕反省の対象として、この天女を永く守って行きたいと考えております」と述べた。天女像は、豪華絢爛な美しさをさらに後世に残すべく、2000年（平成12年）に大規模な修復を行った。

第6章
「女将」がいる百貨店はこの店だけ

インタビュー〈その3〉

「女将」がいる百貨店は、この店だけ

三越日本橋本店には「女将《おかみ》」がいる、と巷の噂が聞こえてくるようになったのは、2015年（平成27年）頃から。噂の「女将」はたしかに実在し、近藤紀代子さんがそう呼ばれている。だが、組織上、そんな職名が正式にあるわけではなく、あくまでも通称であり、名付け親は中 陽次店長だ。なぜ、彼女にそんな名前がつき、「女将」としてどんな仕事をしているのかを尋ねてみた。

インタビュー

三越日本橋本店の「女将」 近藤紀代子さん

私は1980年（昭和55年）に入社してから、インフォメーションに7年間、その後、総務に移ってから13年間は、厚生

や人事、教育などのお仕事をしました。でも2000年(平成12年)頃、「やはり、お客さまにじかにお会いする店頭の仕事に戻りたいな」と思いはじめました。そして幸いにもインフォメーションに戻ることができ、おもにライオン口の受付を担当しました。お客さまをお迎えし、買物のご案内とお手伝いをし、お帰りには南口の車止めまでお送りするのが仕事でした。その間にVIPのお客さまのお顔とお名前を憶えました。毎日のようにおみえになるお客さまもいらして、私どもの顔と名前を憶えていただいたりすると、嬉しいものです。

その反面、「三越日本橋本店は、一見《いちげん》さんには冷たい」と思われているかもしれないと考え、もっと気軽に声をかけたりかけられたりするような雰囲気を作る必要性を感じました。それが反映されて、2004年(平成16年)に社内に「アテンダントチーム」という部署が立ち上がりました。サービスアテンダントになった私たちは、そろいのピンクのジャケットを着て、常に店内を回り、お客さまにカジュアルな雰囲気で、お声がけするようにしました。接客では、とかく目先の売上を気にして、その情報だけをお伝えすることに走りがちなのですが、それだけではなく、「お客さまのお買物をお手伝いする。コミュニケーションを深めること」を優先しました。

２００４年（平成16年）にアテンダントチームのマネージャーを拝命したのですが、年齢を重ねたこともあり、接客は奥が深いと思うことが多くなりました。お客さまから「今日は、何があるの？」と聞かれたら、「何階のどこそこで、こういう物を特集しています。きっとご興味持たれると思います」というような言葉を添えることで、目には見

えない売上につながっていったと思います。毎日、それぞれの〝お買場〟（売場）では、仕入れ担当スタッフや販売のプロであるスタイリストさんたちが工夫し、思いを込めた商品をそろえていることを知っていますからね。それに長年のお付き合いで、お客さまのお好みも熟知しているので、「ぜひ、ここは見てほしい」という気持ちになります。接待と売上を高いレベルで両立させてきたつもりです。

地方から毎月来られるお客さまからは、よくお土産の相談を受けますが、あるとき、和風の小風呂敷をおすすめしたところ、後日、「とても喜ばれた」とお聞きして嬉しかったです。常にお客さまが求める以上の情報やご提案をして、〝プラス・アルファ〟の価値を付けてご案内するのが、私たち接客現場の使命であると思います。

日本橋に来て、三越日本橋本店で買物をされるということは、お客さまにとって何か特別なこと、とても楽しいことであって欲しいと願っています。それには、お迎えの最前線に立つ私たちが、どこで何を売っているかを知っているのは、基本中の基本。抜群の商品知識を持ち、お買場の事情にも精通していること、そして何よりも、お客さまのご意向が汲み取れなければならないと思います。

お話を職歴にもどしますと、そのアテンダント・マネージャーを最後に、勤続30年目に当たる2014年（平成26年）からはインフォメーションの枠を出て、よりお客さまに近づき、地域のために何でもトライして欲しいと言われ、営業運営部マネージャーという肩書をいただきました。現在も接客のお仕事を続けています。2015年（平成27年）に、中店長が、長年日本橋で勤務し毎日着物を着ていることもあって、「近藤さんは、この店の『女将《おかみ》』だから、これからはそう呼びますよ」といわれたのです。「三越が、日本橋という江戸の原点にある老舗なら、『女将』がいなくちゃおかしいだろう」と。

嬉しいお話でしたが、「女将」に本当にふさわしいのだろうかと思っております。毎日着物でお客さまをお迎えし、お客さまから大変喜ばれ憶えていただくことが、大きな励みになっております。お客さまから「自分はもう着なくなったけど、良かったらどうぞ」とか、「これが似合いそうだから」と頂いたものもございます。

着物は、日本人の体型や顔立ちを引き立ててくれるすばらしいものだと思います。四季折々、場面や気持ちに応じて色々な組み合わせができますし、小物のアレンジ、着こなし方でまたバリエーションが増えます。歩き方や仕草もそれにふさわしくなりますし、結んだり、畳んだりすることも含めて、着物は日本の伝統文化の結晶だと思いますね。

「女将」の大切な仕事のひとつが後進の育成なのですが、若いメンバーにも着物を勧めています。着物の着付けができることは、これから大きな自信となります。いきなり本格的な着付けは大変ですが、浴衣から馴染んでもらうと興味が湧いてくるようです。メンバーは約25名おりますが、いちばん若いメンバーは19歳。私たちと今どきの若い人との価値観や知識の共有は簡単ではありません。ですから、彼女たちからびっくりするようなことを聞かれたりもします。「南部鉄器の『南部』というのはなんですか？」など、思わず吹き出しますよ(笑)。でも、知らないのが当たり前だと思います。育ってきた環境と時代がまるで違いますから。そんなとき、私は『わからないことは、すぐ調べなさい』とアドバイスしています。自分で、その場で調べれば憶えられますから。

ちょっとした知識なら「調べなさい」ですむのですが、言葉だけではなかなか教えられないこともあります。お客さまのご様子から察して、どんなお気持ちで来店されたのか、何をお手伝いすれば良いかといったことを、瞬時に判断するセンスみたいなものは、マニュアルでは伝えられません。経験を重ねて会得していくことも多いですね。

私は、長崎県の平戸《ひらど》市の生まれ。平戸は、鎖国前には南蛮貿易の窓口で、今はキリシタンゆかりの天主堂跡などを見に来る方で賑《にぎ》わっています。実家は、平戸の物産やお土産品を売る店でしたから、もともとお客さま相手の商売は好きです。何事にも労を惜しまない母の後ろ姿を見て育ったので、おのずとそうした意気地や才覚みたいのものが身に付いたのかもしれません。ということは、今の私の後ろ姿を見てくれている後輩たちも、言わず語らずで、何かを吸収し、〝盗もう〟としてくれているのだろうと思います。

このやり方では、時間もかかるし、人それぞれに才能の伸び方も違うでしょうね。そうした次世代の「女将」たちのことを、やはり中店長は、「若女将《わかおかみ》」と命名しています（笑）。ぜひ、彼女たちの話も聞いてください。

多くのお客さまと接すると、時にはお叱りを受けることもあります。また、教えていただくことも大変多いのです。着物の知識もそうでした。先日は、お客さまのリュックをおあずかりした際に、一番上の取っ手になっているところを持とうとしたのですが、「このリュックの取っ手は飾りなので、作りが弱い。だから両脇を持ってください」と言われました。実用的に作っている物もあるけど、そうでないものもあるのだと教わって、以来、リュック類は両脇を抱えるようにしてお持ちするようにしています。若女将たちも、日々、そうした経験を重ねていると思います。その一つ一つが、一人ひとりのお客さまの、見えざるデータベースとして書き加えられます。私の場合は、常に250人くらいの方のお顔、お名前、好み、過去の買物と経緯などが頭に入っています。

「女将」という立場は、自分の裁量で動けることも少なくありません。それにお店の顔でもありますから、私は、地元日本橋の案内人としても動く時間を意識的に増やしています。着物を着て街を歩く「夜の日本橋巡り」を企画したり、地元の老舗で、お手頃値段でご馳走をいただく催しに参加したりなどですね。それに、当店で扱っていないものでも、地元のどこかのお店で良いものを扱っている場合が少なくありません。和紙ならあの店、塗り物ならこの店と、ご案内することも多いのです。日本橋のお店全体が

〝共存共栄〟の精神を持っているので、〝おたがいさまの精神〟と店長が申し上げている、断らない接客に通じています。

好きな仕事ですから、毎日楽しいのはもちろんですが、楽しみのひとつは、毎月第2土曜日に開催している「店内ツアー」のガイドです。店先での「越後屋」の説明からはじまってライオン像の話をして、中央ホールを上から下から眺め、呉服のお買場も見ていただくこのツアーには、毎回10人前後の方が参加されます。味わい深い建物のあちこちを探検し、現代につながる発見もある歴史ツアーは、毎回ご好評をいただいています。なかには何度も参加されるリピーターの方もいらっしゃいます。そういう方はもう立派な〝三越日本橋本店通〟です。三越日本橋本店の魅力を、ひとりでも多くの方に知っていただければと思っております。

三越日本橋本店の「次世代の〝顔〟」を目指して

「女将」と同様に、「若女将」もまた通称に過ぎないが、近藤さんの後に続く次世代が育っている。山田麻衣さん、呉麻美さん、石井紀子さん、澤田知美さんの4人で、正式な肩書きは「営業運営担当 お客さまサービス 接待（ご案内係）」となっている。接客最前線に立つ仕事への、それぞれの思いを語ってもらった。

インタビュー

若女将　山田麻衣さん

短大を出て三越日本橋本店に入社したのが2004年（平成16年）。以来、接待を担当して12年が経ちました。三越を選んだのは、いつも三越の包装紙があった祖母の家

での思い出が原点となっています。また、ここなら一流の接客が学べるだろうと思ったことも大きな理由です。

入社当初は教えていただくことばかりでした。季節ごとのしきたりやそれにまつわる言葉など、知識が足りずにうまくご案内できないこともありました。ここ三越には、日本文化や伝統に造形の深いお客さまが多くお越しになります。そんなお客さま方からもたくさんのことを教えていただき、一つずつ勉強していきました。

転機となったのは3年目に「中央区観光大使・ミス中央」に応募し、日本橋を始めとした中央区全体の観光大使に任命されたことでした。区の歴史やきちんとした受け答えなど、このとき一から勉強させていただいたことが、今の仕事にも大いに役立っています。

それ以来、地元との繋がりも深まり、今は地元の商店や企業の方々と、日本橋の再開発について意見を交わしたり、街のイベントに積極的に関わったりしています。「バシビト」という言葉をご存じですか？　日本橋をこよなく愛する人という意味の造語なのですが、この「バシビト」を増やすために、街を愛する三越の有志で集い、日本橋の「おすすめカード」を作るなどの活動もしています。私としては、この街が着物の似合う上品な街になってほしいと思っています。

着物が好きになったのは、大先輩であり、三越の母のような存在である「女将」の近藤さんの影響です。祖母から譲られたものも含めて今は8枚持っています。着付けもなんとか自分でできるようになり、毎週末には着物で勤務しています。実は、着物で勤務することを応援してくださるお客さまから帯揚げをいただいたこともあり、私のとても大切な宝物です。着物を着ることで気が引き締まり、一つひとつの所作にも気遣いができるようになりました。

私もまだまだ勉強中ですが、入社12年目を迎え、若い後輩に自分が吸収したことを伝えていく立場でもあります。この店で、接待の仕事でプロになるには、やはり日本の文化、伝統に精通し、場面に応じて自分の言葉や仕草でそれを表現できるようになることだと思っています。

インタビュー

若女将 呉 麻美さん

私が初めて三越日本橋本店を訪れたのは、学生時代の就職活動中でした。当時通っていた学校の就職カウンセラーの先生から勧められたのがきっかけです。初めて見る本館の豪華なルネッサンス式建築物や、獅子のいる日本橋に圧倒されたのを今でもとてもよく覚えています。

入社してからは、毎日が勉強で、それは現在でも変わりありません。店内や周辺地域の知識のほか、日本の伝統や歳時記、立ち居振る舞いなど、三越で勤務しながら多くの事を学びました。学んでいくうちに、日本の文化・伝統・老舗の多く集まる日本橋の地域にすっかり魅了され、気がつくと夢中になっておりました。それも「女将」の近藤さんにご教授いただいたのがとても大きかったです。

近藤さんからは、プロの店内案内として意識を高く保つように、「いつも口角を上げて、ほほ笑みを絶やさないように」「360度、常に誰かに見られている意識を持ちなさい」「魂は細部に宿る」と教えて頂きました。

また、店内案内として観察力・察知力も非常に大切な能力の一つです。お客さまが口に出されないご要望を察知し瞬時に判断することが非常に重要です。

私たち店内案内は、一日に数百人のお客さまをご案内いたします。お一人おひとりの時間はわずかかもしれませんが、通り一遍ではなく瞬時にそのお客さまに合わせたご案内・ご提案をし、お客さまに三越に来てよかった！さすが三越ね、と感じて頂くご案内をすることが私たちの役目です。

現在は、同部の後輩指導のほか、就職前の学生を対象としたマナーやサービス講習などの依頼を受けることがあります。笑顔の作り方やお辞儀の仕方などの立ち居振る舞いのほか、おもてなしについてもお伝えする機会を頂きました。身が引き締まる思いではありますが、この機会を頂けたことに感謝しております。

また、私の特技の一つに〝手話〟があります。私も山田さんと同じく、「中央区観光大使・ミス中央」に応募し、そこで手話に出会い3年がかりで学びました。店頭での手話通訳のほか、三越見学ツアーでも「越後屋」以来の歴史を手話解説致しております。

　今後、2020年の東京オリンピック・パラリンピックに向け、海外のお客さまはさらに増加傾向にあるかと思います。幅広いお客さまに心地よく楽しんで頂けるよう、店内案内のメンバー全員で英会話をはじめとした外国語の強化も進め、三越日本橋本店で有形・無形の日本文化を感じて頂ければと思います。JAPAN＝NIHONBASHIという印象が世界中に広がることを目指し、メンバー一丸となって今後も努めて参ります。

インタビュー

若女将　石井紀子さん

学生時代にこの店でアルバイトしたことがきっかけで入社し、受付とエレベーターの仕事で、もう11年目になりました。おなじみのお客さまもたくさんおいでになり、笑顔で会釈してくださると、やはり嬉しいですね。この数年で、お名前でお呼びできるお客さまも増えました。ただし、こちらがお名前を存じ上げていること、お名前でお声をかけることが、必ずしも良いとは限りません。親密度の加減を計ることも重要だと思います。

近藤さんは、「いつもお客さまの立場になって考えること」といわれますが、本当にそのとおりだと思います。お客さまに教えていただくこともたくさんありますが、若いうちは、とかく自分のペースで進めようとしてしまいます。私もそれで後悔することが多かったですね。近藤さんが「接客に100%の正解というのはないのよ」というのも、少しわかるようになってきました。

今、アシスタント・マネージャーという立場ですが、後輩のメンバーをマネジメントする立場の難しさもわかるようになりました。注意するのでも感情的になってはいけないですね。その人なりに良かれと思ってやっていることも少なくないのです。いっしょに成長しようという気持ちが根底にないと助言もとどかないと思います。それだけに、メンバーの成長が見られると、こちらも嬉しくなります。仕事の楽しさは、そんなところにもありますね。

皆さんが話されたように、三越日本橋本店は、〝和の心〟を発信する場所です。着物の着付けくらいは自分でできるようになりたいと思って、今、勉強中です。

インタビュー

若女将　澤田知美さん

自分が買物する立場でデパートに行くときは、特別な高揚感みたいなものがありました。店内の設《しつら》えや欲しくなる商品がたくさんあることも理由ですが、やはり接客のレベルが高いことがその理由だと気づいたのです。たとえウィンドウショッピングでも「ありがとうございます」と声をかけられ、〝おもてなし〟を受けている、気遣いしてもらっていると感じられることが、買物の楽しさを生むのだと思います。私は、別の会社で営業職についていましたが、お客さまに喜んでいただける接客の仕事がしたくて、23歳で転職しました。

でも、慣れないうちは失敗ばかり。「ベッド売場に行きたい」というお客さまだったのに、「ペット売場」と聞き間違えて、当時売場のあった屋上までご案内してしまいました。また、年齢差からくるコミュニケーションのむずかしさもあります。昔からのお得意さまが多い店ですから、「ここは昔こうだったね」というお話がわからず、話が繋がらない場面も多々あります。リアリティーに欠ける部分は、お客さまのお話から学んでいます。

勉強といえば、私も「中央区観光大使・ミス中央」に選ばれるときに、日本橋界隈の歴史のことなどをたくさん学びました。街や人のあたたかさに触れ、今や、自分の第二の故郷とさえ思っています。先日も、外国人のお客さまでしたが、その方のお求めになりたいものが、近所のあるお店で売っていることを知っていたので、そちらにご案内したところ、外国人のお客さまから「親切だね」と言われ、お店からも感謝されました。地元とは、このような交流も大切だと思います。

「若女将」と呼ばれるのは、まだ気恥ずかしく、もっと奥が深いと思っています。エレベーターでの案内なども、新人の頃はマニュアル通りにすることに気を取られてしまいがちですが、お客さまの中には、この店の「手動式エレベーター」を楽しみにされている方もいるのです。経験を重ねるうちにそのことに気づき、ただの移動手段ではなく、そうした楽しみを味わっていただくのも自分の仕事だと思うようになりました。

自分が楽しく運転することで、お客さまも笑顔になられます。これも「おもてなし」のひとつではないでしょうか？

商品を売るだけが接客ではなく、楽しませたり、コミュニケーションしたり、人と人とのつながりが大切です。目にみえない、答えがないものですから難しさもあり、近藤さんの背中を見て学んでいます。私も「女将」のように、後輩たちに、姿を見て学んでもらえるようにがんばってまいります。

第7章
「デパートメントストア宣言」から110余年

ライオンのモノローグ〈その4〉

繰りかえしになるが、ブロンズ製のライオンである私たちが、三越日本橋本店の玄関前に据えられたのは１９１４年（大正３年）である。白レンガ、ルネッサンス式の新館の竣工時だった。だから、それ以前の明治期のことは直接には知らない。後になって、さまざまな時代とさまざまな場所に出入りし、人語も、文字で書かれたものも理解できるようになってから間接的、疑似的（ヴァーチャル）に知り得たことばかりである。それには、多くの空想も混じっているから判断が間違っている場合もあるだろう。

特に自分でも迷うのは、それぞれの時代に生きた人々が、何を夢見ていたのか、何を嘆いていたのか、どのように生きたかったのか……が本当にはわからないことだ。人々の、さまざまな思いが集まって醸《かも》される〝時代の空気〟は、本当はどのようなものだったのだろうと何度も考えてみる。20世紀を迎えようとする明治後半から大正初期の頃が特に気にかかる。それは日本が列強に並ぶべく、国を立ちあげる気概を持って歩みはじめた時期だった。21世紀の現代とは、どう違っていたのだろう。

1960年代から90年代にかけて、日本で最も人気のあった作家の一人に司馬遼太郎がいる。彼が1969年（昭和44年）から72年（昭和47年）の間に発表した作品が『坂の上の雲』だ。この作品の前半は、四国・松山出身の秋山好古《よしふる》・真之《さねゆき》の兄弟と正岡子規が上京し、それぞれの道に進んでいく青春群像物語である。後半は、その3人が、1904年（明治37年）に勃発した日露戦争に関わっていく物語である。読者が強く共感したのは、明治維新で生まれた東洋の小さな国と国民が、西洋風近代国家という「一朶《いちだ》の雲」だけを目指して、ひたすら坂を登っていく姿だった。国の勃興期にあって、青年たちが自己と国家を重ね、大いなる気概を持っておのおのの分野に取り組んだのが、明治の明るさ、美しさだったというのが、司馬遼太郎の歴史観だった。

もしもだが、司馬遼太郎が描くような明治人の気概と才能が、軍事や俳句の分野ではなく、商業分野に発揮されたとしたらどうだろう、と考えてみる。「坂の上の雲」を目指した青年や壮年たちの一群れが、この三越日本橋本店を舞台に、思い切り働いている姿を想像する。彼らなりに「一朶の雲を見据えて」登りたい坂道があったはずだ。

日露戦争が始まったのは１９０４年（明治37年）２月であるが、その年末までには、名高い「二百三高地」の戦いも終わり、旅順港をめぐる攻防も日本が勝利している。一方で戦場に奮闘する日本人もいれば、他方で商売の近代化に情熱を傾ける日本人もいたわけで、日本橋の土蔵造りの三井呉服店では、９月４日に遼陽城占領を祝して「祝捷」（祝勝の意味）のイルミネーションが掲げられ、見物客が殺到して市電の運行に支障を来たした。夜間のイルミネーションが目新しかったのだ。また同時期に店内では初の文化催事として「光琳遺品展覧会」を開催し、こちらもまた、あまりの人出に15時半に店を閉め入店制限せざるを得ないほどだった。戦争さなかの飾り付けや文化催事を、若い国家の民衆が支持した。出征兵士に「君死にたまふことなかれ」（与謝野晶子）と祈りつつも、自国の歴史と伝統に自信をもちはじめた時期である。展覧会を主催したものたちにも何の迷いもなかっただろう。

「株式会社三越１００年の記録」によれば、この年の10月10日、三井家はその事業再編の仕上げとして、三井呉服店を株式会社三越呉服店とするための会合を持った。当時の三井家は、三井銀行、三井物産、三井鉱山、三井呉服店を直系の事業としていたが、事業規模も収益力も小さい呉服店事業を分離独立することにしたのだった。

会議の発起人は、三井物産を作った56歳の益田孝（茶人としての号は鈍翁）。益田は三井呉服店の相談役であり、銀行にいた34歳の高橋義雄を三井呉服店の理事にして、1895年（明治28年）から経営近代化を強力に進めさせた。

高橋義雄は、女性店員の採用や洋式簿記の採用、住み込み年季奉公の廃止、通勤給料制度の採用、規則の厳守など、次々と改革の手を打った。慶応出身の者も数人入社させた。1900年（明治33年）10月には、三井呉服店本店で全館を陳列式に変更した……等々。一連の改革を進めたが、その手法がいささか強引過ぎたせいだろうか、1898年（明治31年）には、古くからの慣習や利権にしがみつく解雇組の陳列場係長らがストライキを起こし、墨田区向島の三囲《みめぐり》神社に立て籠《こも》るという事件まで起きている。

そんな経緯があった上での1904年（明治37年）10月の会合であったが、ここで呉服店事業には、「三井」の商号を使わせず「株式会社三越呉服店」とすることが決まった。そして、12月6日の設立総会および取締役会で、新たに同店のトップ（専務取締役）に据えられたのは高橋義雄より一つ年上（44歳）で、慶応義塾の同窓でもある日比翁助だった。

日比翁助は１８９８年（明治31年）にやはり銀行から移ってきているから、高橋義雄と一緒に改革を進めたひとりだった。日比翁助は呉服店経営を進んで引き受けたのではなかったが、拝命されてこんな風に考え直したようである。

「日本は、欧米先進の風に傾いて日進月歩と改良されているが、ただ小売業ばかりは、この進歩から取り残されて、依然として旧幕の遺風を墨守しているばかり。これは大いに改革しなくてはならん。この茫々たる荒野を開拓することは、己の仕事として実に愉快な仕事であるわいと思うようになった。自分は、この仕事に打ち込んでもよいというくらいまでになった」と。

久留米藩士出身の士魂が、国家近代化の一翼を担うのだという使命感に転じて燃えたのかもしれない。

呉服店経営の経験もなく、三井からは資本の援助もなく、ゼロからの出発だった。しかし、店の実務に長けた藤村喜七という番頭上がりがいた。藤村は「目をつぶっていても、生地をさわると何匁《もんめ》かわかるようなすごい人」だった。以後、日比翁助を実務面で支える片腕になる。

１９０４年（明治37年）12月、三井・三越連名で三越呉服店が三井呉服店の営業をすべて引き継いだことと、今後の方針「デパートメントストア宣言」を打ち出す案内状を出した。そして翌１９０５年（明治38年）年頭に、日比翁助は新聞広告でステートメントを発表した。曰《いわ》く、「店舗の面目を一新し商品飾付け万端最新の改良を加へ御客様方に一層の美観を生じ愉快に御買物遊ばせ候様十分設備」する、と。そしてそれぞれの売場や店を充実させることを列挙しているのだが、一番印象に残るのは、次の一節だ。「一、当店販売商品は今後一層その種類を増加し凡そ衣服装飾に関する品目は一棟の下にて御用辨じ相成候様設備致し、結局米国に行はるるデパートメントストアの一部を実現可致候事」とある。

現代風に読めば、「商品アイテムをふやし、衣服に関する買物ならすべてワンストップで提供できるサービスにして、米国流のデパートに近づけます」ということだ。

これが後に、わが国初の「デパートメントストア宣言」、「近代百貨店の誕生」と言われる有名なステートメントである。

日比翁助は、高橋義雄のやりかけた改革を引き継いで、経営の革

老年の日比翁助

恭賀新年

當店東京本店京都支店桐生出張所ハ今般都合に依り本月二十日を以て一切の業務を株式會社三越呉服店に譲渡し又大阪支店ハ同二十日限り閉鎖可致候當店儀永年厚き御贔顧を蒙り御蔭を以て營業益々繁昌致し候段誠に有り難き仕合に奉存候茲に營業譲渡に際し謹で從來の御厚誼を鳴謝仕候也

明治三十七年十二月

合名會社 三井呉服店

株式會社三越呉服店

營業譲受廣告

當店儀本月二十一日より合名會社三井呉服店一切の營業を譲受候事に相成候に就ては一層勉勵仕り益々御得意様方の御便利を計り可申候間旧に倍し御愛顧を蒙り度此段伏て奉願上候也

明治三十七年十二月

株式會社 三越呉服店

謹啓上記御披露の通り今般當店に於て合名會社三井呉服店の營業を其儘引繼き候に付ては店員ハ勿論其他一切從前の通りにて相變らず御用相伺ひ可申候間倍舊御愛顧の程偏に奉願上候就てハ今後ハ全力を東京本店一方に集め一層勉勵御得意様方の御便利を計り追て左の事實を挙行可致心得に御座候

一東京本店ハ追て店舗の面目を一新し商品飾付け萬端最新の改良を加へ御來客様方に一層の美感を生じ愉快に御買物遊ばされ候様充分設備可致事

一當店意匠係へ別に模様参考室を設け染織模様御注文の御方にハ此参考室に於て新古多数の参考品を御覧に入れ充分御選定の御便利を達する事

一當店販賣の商品ハ今後一層其種類を増加し凡そ衣服裝飾に關する品目ハ一棟の下にて御用辨相成候様設備致し結局米國に行はるゝデパートメント、ストーアの一部を實現可致候事

一春秋二季新柄陳列會を開きて各地染織業者の新作品を促し同時に又美術的展覧會を催して一般意匠の進歩を謀り他に比類なき出陳品をまづ御來客様方の御選取に供する事

一京都仕入店の從來の染織工場を此際一層擴張し他に比類なき斬新優美の流行品を調製し時好の急先鋒とも相成候様益々改良を謀る事

一地方販賣係ハ當店發行の月刊雜誌「時好」を以て隨時都下流行品の模様を示し御注文の選定及び其發送方にも一層の注意と工夫を凝らし遠方より御買物遊ばされ候御方に對して充分御便利を謀る事

以上の事項ハ今後着々實行仕るべく已に店舗改良の目的を以て米國へ派遣致置候店員林幸平も不日調査を終りて歸朝可致候間其後の最新式の店舗改良法も追々事實に現はれ可申候茲に當店營業引繼きの御披露を兼ね繊外ながら聊か當店の抱負をも申述べ度如此に御座候也

明治三十八年一月

株式會社 三越呉服店

東京日本橋駿河町

電話本局

1905年（明治38年）新聞掲載広告

新をしただけではない。1918年（大正7年）に会長職を経て取締役で退くまでの20年間にやったことは、実に多岐にわたる。彼が近代百貨店の礎を築くヒントを得たのは、1906年（明治39年）の欧米視察だった。

アメリカのデパート「ホワイトリーズ」にはあまり感心しなかったようだが、英国に回って訪れたロンドンの「ハロッズ」には大いに刺激を受けた。商品のディスプレイ、店員の接客など、どれをとっても一流で、当時のハロッズ総帥《そうすい》リチャード・バーリッヂ氏とも意気投合し、百貨店のノウハウをていねいに教えられた。

バーリッヂ氏のアドバイスは「品揃えを急ぐな。日常身に付ける小物、ネクタイ、シャツのごときを先にし、徐々として品種を増やすべく、貴金属類などは最後に持ち越すがよい。商品の回転率とストックの関係をにらみ合わせて考慮すべきで、そうすれば売上高が増すだろう」というものだった。日比翁助は、ハロッズの接客マニュアルも持ち帰った。

日比翁助の施策はハロッズの真似だけではなかった。日本の国力や経営環境を考え、越後屋以来の顧客本位という良き伝統も生かそうとした。また宣伝やＰＲにも力を入れた。日比翁助の抜擢《ばってき》で初代宣伝部長になった濱田四郎は、のちに「たとえば、全店総陳列の正札売りに改めたのも、元禄模様その他の考案で流行意匠の総元締めを企画したのも、寄せ切れ・見切り反物大売出し、実用百貨のバーゲンセール、現代名画の陳列会、勧業博覧会とのタイアップ、レジスターの使用、メッセンジャーボーイの活用等々、何から何まで日比翁助氏の仕事。それはつまり『先鞭《せんべん》をつける』ということに尽きます」と語っている。濱田は、『明治事物起源』を書いた石井研堂の実弟でもある。

濱田四郎のあげた日比翁助の事績に、さらに付け加えれば、出張販売、通信販売、店員の制服の洋装化、無料送迎バス、自宅までの商品配達、エレベーターやエスカレーターの導入……等々、数えきれない。これらは営業面の改革といえる。（日比翁助の仕事ぶりについては、林洋海著『〈三越〉をつくったサムライ　日比翁助』（現代書館）が面白い）

日比翁助は、日頃から社員に「三越呉服店は、ただ儲けるだけではいかぬ。儲ける傍《かたわ》ら、客の便利を図らねばならぬ。また儲けて客の便利を図るだけでもいかぬ、儲けて客の便利を図る傍ら、永遠的国家的観念を以て経営して、国家に貢献する所がなければならぬ」、「これからは御客に親切を尽くすことが一番大切である。親切という事は口先だけの親切ではいかぬ。腹のどん底から出た、命がけの親切でなくてはいけませぬ」といっていた。

そして接客の最前線に立つ者へも役割の重要性を説いた。土足入店ではなかった当時の接客最前線といえば、お客さまの履物をあずかる下足番だった。「お客さまと最初に接するのが下足取扱いの仕事だ。その印象が、店の第一印象となる。この仕事の如何《いかん》が、商売繁盛の鍵である」。

こうして日比翁助は、経営改革、営業改革そして社員の意識改革も進めようとしたのである。

こうした三越呉服店の斬新な取組みは、当時の人々にどう受け止められていたのだろう？　そもそも「デパートメントストア」なる言葉を理解していた者がどれだけいただろう？　メイシーズやハロッズや、デパートの元祖と言われるフランスの「ボン・マルシェ」（1852年開業）のことまで知っていた者などは、ほんのひと握りだろう。

一般の人々は、三越が次々と見せる商法、品揃え、陳列、接客、装飾、催事などを通して、「デパートとはこういうものか」と納得し、共感し、支持したのだろう。

少し脱線するようだが、「デパートメントストア」が「デパート」や「百貨店」という日本語として使われるようになったのは、いつからなのだろう。調べると名付け親はわかった。前述した濱田四郎が『百貨店の一夕話《いっせきわ》』という本に、「デパートを訳して〝百貨店〟と名付けたのは、『商業界』（著者注：現在のものとは別）の主幹だった桑谷定逸《くわたにていいつ》君だ。私は、〝小売大商店〟と訳して、雑誌などにも寄稿していたのだが、時を経るに従って百貨店が勝ちを制した。桑谷君の命名に敬意を表したい」と書いている。

問題はその時期なのだが、桑谷は1910年（明治43年）には、「クラブ化粧品」を売り出して東京進出した中山太陽堂の広告部長に転じている。『商業界』で〝百貨店〟と訳した記事を書いたのはその前だろう。そして濱田の〝小売大商店〟と、誰かの考えた〝大店舗制小売店〟などの訳語に競り勝って一般に定着したのは大正に入ってすぐの頃と思える。

傍証を挙げると、1914年（大正3年）4月に出た新聞「大阪新報」の記事には〝百貨店経営難〟との見出しが付いている。店名に「〇〇百貨店」と付いた早い時期の例は、1929年（昭和4年）にわが国初の鉄道系デパートとして開業した「阪急百貨店」がある。

こうしてデパートは、〝百（たくさん）の貨（宝、品物）を売る店〟として理解が浸透していったのだろう。なお、この時期の経営学者・水野祐吉は、百貨店を「呉服類を重要部門とする多種類の商品を、一堂に於て陳列販売する一個の小売大商店である」と定義している。

現代の経済産業省商業統計調査の基準によれば、「衣・食・住の商品群の販売額がいずれも10％以上70％未満の範囲内にあると同時に、従業者が常時50人以上おり、かつ売場面積の50％以上において対面販売を行う業態」とある。対面販売の比率50％以下ならば、「総合量販店（総合スーパー）」に分類される。

明治という時代にだいぶ永く留まってしまったが、話題を一足飛びに21世紀に移そう。

２０１３年（平成25年）４月に伊勢丹新宿本店長から三越日本橋本店長に転じた中陽次氏は、２０１４年（平成26年）３月、「デパートメントストア宣言」ならぬ「カルチャーリゾート百貨店宣言」をした。店の内外に発表し、今も店内随所に掲示されているその宣言は、以下のようなものである。

カルチャーリゾート
百貨店宣言

日本橋三越本店は、再び冒険に出ます。
私たちは110年前、デパートメントストア宣言をし、
日本に初めてデパートを創りました。
そして今、デパートのあたらしいかたちを求めて、
あらためて誰も歩いたことのない道に向かいます。
それは「カルチャーリゾート百貨店宣言」。
私たちは「ファッション百貨店」ではなく、
「カルチャー百貨店」への道を進みます。
ファッションとしては捉えきれない格好よさ、潤い、味わい、
美意識を伝えていきます。
風流、風情、嗜み、究み、敬意、感謝、正義、労り。
かたちのないものを商品化します。
時間の壁。距離の壁。文化の壁。心の壁。
あらゆる壁を乗り越えていきます。
不可能な出会いや、あり得ない出会いを実現し、
日本一楽しめる店へ。遊べる店へ。
私たちは、「カルチャーリゾート百貨店」へと向かいます。
こころざしを共にする、すべての人々と力を合わせながら。
日本橋三越本店は、再び冒険に出ます。

2014年3月 日本橋三越本店

さてさて困った、「カルチャーリゾート百貨店」とは何だろう？　１１０年前に三越百貨店が誕生し、日比翁助による「デパートメントストア宣言」が公表されたときの、一般民衆と同じとまどいを持ったのは、私だけではなかっただろう。少なくとも「デパートメントストア」には、欧米にその業態モデルがあった。しかし、「カルチャーリゾート百貨店」にはそれがない。世界のどこにもない業態、まったく新しい百貨店を創り出すという宣言なのだ。

「カルチャーリゾート百貨店」のことがかすかに見えてきたのは、２０１６年（平成28年）５月に、三越伊勢丹ホールディングスによって報道各社に流されたニュースリリースだ。タイトルには「『カルチャーリゾート百貨店』の完成に向けて、三越日本橋本店再開発（リモデル）２０１８年春第一期グランドオープン～環境デザインディレクターは隈研吾氏～」とある。計画では、２０１８年春に第一期グランドオープンの予定だ。

この「カルチャーリゾート百貨店」構想については、もう少し情報を得た後に触れたいと思うから、今は深入りすまい。ただ、とてつもないパラダイムシフトが背景にあるとの予感がする。同時に、あらゆるイノベーションがそうであるように、まったくの無から何かが生まれることもない。これまでの良き資産が引き継がれる部分だとか、先行して、トライアル的に始まっている部分というものがあるはずだ。たとえば、１１０年前の日比翁助がやっていたのも、明らかにモノを売るだけでなく、カルチャーや遊びを売る店であったし、リゾートつまり「人々が集まって楽しむ場所」であった。これまでの歩みを振り返りつつ、未来への伏線となっている現時点での〝兆《きざ》し〟を見つめ直すことは無駄ではないだろう。

第8章
時代に先駆ける文化拠点として

インタビュー〈その4〉

衣食住に関わるモノを売ることだけが商売ではない、という三越伝統の経営姿勢をよく表しているのが、様々な文化的催事の開催であった。たとえば美術については、1907年（明治40年）に大阪店と本店に新美術部を開設。新美術というのは、骨董的価値があるとか物故《ぶっこ》作家の作品などではなく、現時点で活躍している作家の作品を扱うという意味である。この時期に新しい美術作品が見られるのは、上野公園内の文展会場と日本美術協会の陳列館しかなかっただけに、一店舗の三井呉服店がこうした部門を設けたことは大きな反響を呼んだ。

当時の人気作家である下村観山、横山大観、川合玉堂などの作品を集めた日本画の展覧会や、高村光雲や平櫛田中《ひらぐしでんちゅう》らの美術工芸品会などが好評を博した。

1914年（大正3年）、第1回日本美術院再興記念美術展覧会や、毎年春秋開催の第1回三越絵画展覧会もこの年に始まっている。こうした伝統は戦後から現代まで継承され、とりわけ日本画や伝統工芸の作家たちにとって三越は、作品発表の華やかな舞台になっているが、現在ではそのジャンルも洋画や彫刻にも広がり、作家たちによる展覧会は、「特選画廊」、「工芸サロン」、「アートスクエア」、「美術サロン」など、それぞれに毎週企画・開催されている。

美術と並んで文化の大衆化に貢献したのは、「三越劇場」だろう。１９２３年（大正12年）の関東大震災で三越日本橋本店は大部分を焼失したが、１９２７年（昭和２年）に全館修築した際に、本店６〜７階に「三越ホール」を開設した。場内は豪華な大理石仕上げ、石膏彫刻で飾られ、周囲も多くの装飾画。天井にはステンドグラス、舞台は古典的なスタイル。客席は１階が５４２席、２階が１３６席だった（平成９年の修築以降は総席数５１４席に）。

当初は邦楽や舞踊のおさらい会などに利用されたが、１９３０年代に戦時体制に入ってからは、統制機関が軍事

2016年に重要文化財の指定を受けた三越劇場内部

ニュースの試写室に使う状態が終戦まで続いた。三越ホールが活気を取り戻したのは第二次大戦後、戦場から帰還した演劇人が、発表の舞台をここに求めるようになってからだ。

1946年（昭和21年）11月22日に三越ホールを再開し、澤村宗十郎丈、守田勘彌丈、先代花柳寿輔による舞踊でこけら落としをした。同年12月には名称を三越ホールから「三越劇場」と改めた。中村吉右衛門、白鴎、中村勘三郎、又五郎、團蔵らの華々しい芝居がその開幕を飾り、「三越歌舞伎」と呼ばれた。

また翌年には、俳優座や劇団民藝による新劇公演や文学座の『女の一生』も公演されるようになり、さらには1950年（昭和25年）からは、日本の伝統的な諸芸を見せる「三越名人会」、1953年（昭和28年）には「三越落語会」も始まった。

三越劇場入口

インタビュー

三越劇場　谷口直人さん

編註：インタビュー当時、三越劇場をご担当

この劇場は、600席もないこぢんまりとした小屋です。それに装飾も1920年代に流行したアールヌーボー様式ですから、本来なら歌舞伎には向かないのかもしれません。でも、椅子をはずして花道を造るなど、関係者が苦労して舞台をこしらえたようです。何しろ、終戦当時は東京で使える舞台が限られていて、そこはベテランが占めているのだから、三越劇場という舞台が使えただけでも若手演劇人には嬉しかったようです。また、このこぢんまり感が、舞台と客席を近しいものにしてくれると、逆に評判が良かったようです。特に落語や新劇の人にはね。

文学座だけでなく俳優座、民藝などは今でも公演を続けています。日本の新劇を作り上げてきた人たちは全て三越劇場の舞台を踏んでいるはずです。そして引き継いでいる俳優たちもいつかは三越劇場の舞台に立ちたいという目標もあるようです。演劇、音楽関係の方は、この雰囲気が洋物にも和物にも使えるとおっしゃいます。北村英治さん、

雪村いずみさん、ペギー葉山さんによるジャズのコンサートも大人気で、忘れ難いものでしたね。

近いところでは、新館ができた２００４年（平成16年）10月に、三越１００年を記念して催した「三越歌舞伎」ですかね。ここでの歌舞伎公演は3年ほどブランクがあったのですが、市川亀治郎（現、４代目市川猿之助）、片岡愛之助、中村獅童など、当代人気抜群の若手が『双蝶々曲輪日記《ふたつちょうちょうくるわにっき》』、『弁天娘女男白浪《べんてんむすめめおのしらなみ》』を演じてくれました。市川亀治郎が、天女像のある吹き抜けで、羽衣をつけた天女になって「宙乗り」もしてくれました。スペクタクル感ありましたね。

使ってくださる方も常連組が多くなりましたが、お客さまもそうです。「買物の合間に、芝居を見られる場所はここしかないでしょ」といって、ごひいきにしていただいております。ただ難点は、なにせ90年の歴史があるのでメンテナンスが大変なことです。でも重要文化財に指定された施設ですから勝手に改築できません。電球も今風にＬＥＤにしたいのですが、あの光では雰囲気が壊れてしまう。天井裏をつたって、電球をひとつずつ取り替えています（笑）。

私も、ここに配属されてもう35年。引退の前に、何かおもしろい企画ものをしかけたいと思っています。

実験型の複合ショップは未来へのアンテナ

美術館や劇場が、昔ながらのアート的な文化催事の拠点とすると、三越日本橋本店7階に2014年(平成26年)3月にできた「Hajimarino Cafe(はじまりのカフェ)」は、さしずめ生活文化の発信拠点あるいはライフスタイルの提案ステージといえる。その文化(カルチャー)は、額縁やショーケース越しに鑑賞するアートなどではなく、自分からアクティブに楽しみ、暮らしを充実させてゆく性格のものだろう。

ただ、基本はあくまでもショップである。カフェを軸とした複合型ショップで、定期的に入れ替えを行う体験提案型ポップアップ(特集)ショップのほか、毎日3回のワークショップなどを通して、お客さまがアクティブな暮らしを実現する「はじまり」(きっかけ)になって欲しいとのコンセプトだ。

街にたくさんある「カルチャー教室」と違うのは、「学ぶ」以外に「遊ぶ」「変える」といったキーワードでメニューが組まれていることだ。複合ショップと呼ぶのは、カフェがある中央のゾーン（FOREST）の周囲に、特集テーマを紹介するコーナー（GATE）、モバイル端末やフォトサービスのゾーン（TOOL）、アウトドアブランド「モンベル」のショップ（GEAR）、そして各種出張サービスや健康管理などのコンシェルジェ・カウンター（GUIDE）があるからだ。

インタビュー

「Hajimarino Cafe」　草道敏也さん

編註：インタビュー当時、Hajimarino Cafe をご担当

このフロアに来てまず目につくのが、定期的に何かしらのテーマを立てて特集（ポップアップ）するゾーン（GATE）だと思います。ここは、おもに各地の地方自治体や各国大使館と提携して紹介するようにしています。内容はじつにさまざまで、たとえば201

6年（平成28年）3月に開催した「もうひとつの京都」では、画家の伊藤若冲とその実家があった錦《にしき》市場の紹介などがマスコミでも取りあげられて話題になりました。キリスト教のイースター（復活祭）を、大人の女性感覚で楽しむ「ピーターラビットとイースターの世界」も人気でしたね。そして4月もバラエティに富んでいて、瀬戸内市の物産やゆかりのストーリーを紹介する「はじまりの瀬戸内」とか、「インドネシア共和国フェア」、「博多人形新作展」といった具合です。

そして次に目につくのは、中央にあるカフェに併設された「ワークショップ」のコーナーです。ここでは、食や遊びや暮らしなどのいろいろな知識とワザを、ワークショップ形式で体験できるようになっています。たとえば食では、砂糖菓子（アイシング）作り、春の行楽弁当、おやつ塾、スパイス教室などがあり、遊びでは、ボードゲームの「モノポリー」や、英国の社交に欠かせないトランプの「コントラクトブリッジ・サロン」などが人気です。

暮らしに関するテーマも多彩で、着物の帯の結び方や、手作り石鹸、布のロマンフラワー作り、手作り時計、人形の絵付け、水彩画など、趣味として楽しめるものがたくさんあります。実演する場合、講師の手元が見えるようにカメラとモニターも設置してあります。予約制で、3000円から5000円の実費を負担していただく方式なのですが、ご希望される方が多くて、月に何度も開催し、すっかり定番化したものも少なくありません。

「はじまりの」というネーミングは、新たな文化的体験をする楽しさを味わっていただきたいからです。それぞれの企画から交渉、会場の設え《しつら》、運営はソリューション統括部の新規開発担当とバイヤー、お買場のマネージャーをはじめとするスタッフで行っています。年中、情報を集め、場合によってはその地方に出張することもありますから大変なのですが、お客さまが感動されたり喜ばれたりすると、すべて報われます。ご利用になるお客さまは、当店にお見えになる方の平均年齢より比較的若く、30～40代の女性の方も多くお寄りになります。何かを「知りたい、学びたい」という動機で、webサイトなどを見て来られる方も多いようです。そして、ここでお知り合いになって交流される方々もおられます。

ご承知の通り、三越伊勢丹グループは、企業メッセージとして「this is japan.」を掲げています。「日本らしさとは何か」を深掘りしながら、売場の設えや商品や接客にも反映していこうというものです。その深掘りにおいて、「Hajimarino Cafe」はアンテナの役割を果たしていると思います。日本を知るには、海外のエスニックな文化も知らなくてはならないし、日本各地にある伝統やストーリーも再発見する必要があります。たとえば秋田の酒蔵とコラボして、新パッケージデザインの酒を披露する、同じく秋田・湯沢市の名物「稲庭うどん」を楽しむワークショップを開催する、あるいは新潟の刃物産業の町・三条の製品を紹介するなどというのもその一環で、ささやかながら地方創生にもつながっていると思います。

三越日本橋本店は、未来に向けた店づくりとして「カルチャーリゾート百貨店」を宣言していますが、その将来の姿を見極めるキーワードの一つは、〝tribe（トライブ）〟ではないかと考えています。アメリカの原住民なら「コマンチ族」とか「アパッチ族」とかがありますが、〝tribe〟というのはその「族」ですね。ファッションの世界でも〝tribe〟あるいは〝tribal（トライバル）〟という言葉が使われるようになってきました。

これまでの年齢や性別でくくるマーケティング発想ではなく、趣味やセンスや関心事によって、深くはまっているテーマごとに〝族〟が生まれている。たとえばここのワークショップでは、「ロボットのプログラミング」などというすごくマニアックな企画もやったのですが、女性や高齢者の方からも人気でした。こうした傾向はネットなどの普及によって、より加速しているのではないか、と考えています。その考え方を、販売する商品の構成にも向けようとしています。

そして、よりラグジュアリーな、よりプレミアムなモノやコトに出会える場所、新しい感動や共感が得られる場所、21世紀らしい新しい社交場がこの店であるということになっていけば良いのではないでしょうか？　それが最高のおもてなしかもしれません。

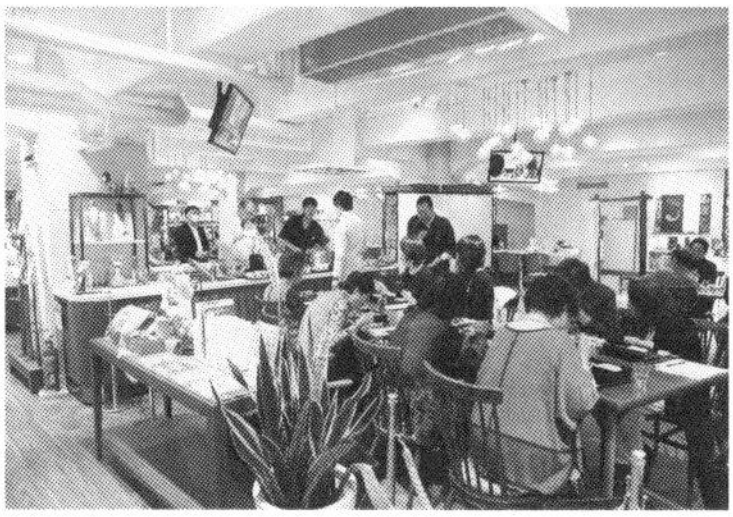

Hajimarino Cafe ワークショップ風景

着物をもっと身近なものに

江戸時代の大呉服商「越後屋」以来の伝統を誇る三越日本橋本店は、着物の品揃えとサービスにおいては国内最高のレベルにある。試着にしても、着物の場合は広い場所が必要になるが、鏡はもとより照明調整装置まで付いた専用スペースが用意されているのも、いかにもこの店らしい。しかもそれだけではなく、着物をもっと身近なものにするための工夫もしている。

インタビュー

呉服営業部計画担当マネージャー　手塚 茂さん

ご覧のとおり本館4階には百貨店としては最大級の呉服のお買場があり、全国からお客さまがお見えになります。「着物のことなら三越日本橋本店へ」という評価が定着しています。でも、日本文化の結晶でもある着物を、もっと多くの人にご愛用していただきたいというのが、私たちの願いです。そこで数年前に中央のエスカレータ脇にオープンしたのが、「華むすび」というショップです。

「華むすび」には現代の和装のニーズに関連したいろいろなものがあります。たとえば、洋服でいうレディメイド（仕立て上がり）の着物を中心に、柄も材質もモダンな着物、デニム地やレース地の着物、上下別々のパーツになってすぐに着られる二部式の着物、ファッション性の高いゆかた、巻きつけてマジックテープで留めるだけの簡単帯など。それに帯留めや江戸小紋のストール、かんざしなどの和装アクセサリーもたくさん用意しています。最近は、外国の方や若い方も多く立ち寄ってくださいます。試着するスペースも洋服のようにカーテンで仕切るカジュアルなものにしました。

また和雑貨が充実しているのも当店の特徴ですね。和柄がテーマの小物や手ぬぐいなどは、お土産用としても大変人気があります。

華むすびコーナー

着物の選び方や、TPO、着付けなどについて知りたいというお客さまには、約40名いる個性溢れるスタイリスト（社員）が対応いたします。儀式や着付けに詳しい者、三大芸道（茶道・華道・香道）や日本舞踊に精通した者、男の着物のスタイリングに長けた者など、それぞれの強みを活かした接客を、お客さまのご要望に合わせて行っています。

着物を売るだけでなく、自分たちも着物を着て楽しむようにしています。着物販売や接待のスタッフが着物を召すのは普通ですが、当店では、本店長もよくお召しになります。計画スタッフの私もここぞという時には着ます。着物は、畳んだり、保管したり、汚れ落としなどメンテナンスが大変だと思われるかもしれませんが、当店はそうしたご要望にも対応する細やかなサービスメニューをご用意していますので、お気軽にお声をかけていただきたいですね。

第9章
「旬」とは
10日ひとめぐりのこと

ライオンのモノローグ〈その5〉

日本には四季がある。いや「四季」どころではない。古来の、農業をベースにした陰暦では二十四節気、七十二候がある。大ざっぱにいえば、5日に一つずつ天の移ろいを意識することになる。冬ごもりしていた虫が穴から出てくるという「啓蟄《けいちつ》」だの、かまきりが盛んに活動する「蟷螂生《かまきりしょうず》」などというのは、現代人にはぴんとこない言葉かもしれないが、「春分」や「夏至」などはよく知られている。陰暦は毎日、田や畑に出ていた人たちの観察力と体験に裏打ちされたものだ。

二十四節気だの七十二候だのと言わなくても、日本人は言葉ひとつでも季節感を見出したりする。俳句でいう季語などは、身近な事物から天文、年中行事、人々の所作まで季節の移ろいのシンボルにしてしまう。

ともかく、日本人の季節感覚は、世界のどの民族よりも敏感であり、洗練されている。時の移ろいを感じとる感性が豊かであるだけなく、その移ろいを楽しもうとする心が旺盛だ。たとえば、「花見」と称して、梅から始まり、桜の次は皐月《さつき》、その次は藤だ、菖蒲だ、紫陽花《あじさい》だと、酒を片手に、出かける口実を見つけるような民族は、ほかにあるだろうか？

日本人はしばしば食に絡めて「旬《しゅん》」という言葉を使う。魚や野菜や果物が最盛期で、味も良く、値段も手ごろになる時という意味だ。また「旬《じゅん》」という言葉は「月の上旬・中旬・下旬」などということからもわかるように、「10日間」ごとのひとめぐりを意味するのだから、「旬」の食べ物の出盛り、食べ頃というのはわずか10日間となる。しかしそれでは盛りが短すぎて、保存もきかないし流通だって間に合わない、季節感を味わうゆとりが無さ過ぎる。

そこで、融通をきかせるのが日本人の知恵だが、「旬の走り」、「旬の盛り」、「旬の名残り」などという言葉を考え出して、「旬」を先取りしたり、盛り上げたり、引きのばしたりする。「走り」や「名残り」には明確な期限がないから随意に使える。そして全体で「旬」の期間は大幅にのびることになる。それで誰に迷惑がかかるものでもないから許される。

「旬」は、食べ物だけに限ったことではない。「山の紅葉も、今が旬だね」とか、「俳優の某は、あの頃が旬だった」など、〝全盛期〟の意味でも使われる。そうした言葉の使い方は、決して客観的なものさしがあって言うのではない。あくまで主観であるし、そういう見方の背後に、仏教的な無常観や悟りに通じる哀感、あるいは愛惜《あいせき》を感じる。それもまた日本人的な感覚だと思う。

日本人の鋭敏過ぎるほどの季節感覚を示すものは着物や和菓子にもある。「衣《ころも》替え」という言葉もあるように、10月から翌年5月までは裏地の付いた袷《あわせ》を着、6月と9月は裏地のない単衣《ひとえ》、7月から8月の酷暑の頃は、カジュアルな場なら浴衣を、外出着なら風通しの良い「絽《ろ》」や「紗《しゃ》」などの薄物を着る。「紗」にいたっては8月しか着ない。帯もまた同じように季節ごとのコーディネート法がある。その着物や帯に描かれる植物の絵柄もまた、季節感の演出上重要になり、梅に始まり、桜、藤……夏には深緑をあしらった青葉を描いて「青モミジ」と愛《め》でる。秋なら萩や菊、秋草などの図柄にま

じって、兎と月をあしらった可愛い模様も見かける。月見の風物詩である。目立つ草木のない寒中でさえ、「三君子、四君子」と呼んで、松・竹・梅あるいは水仙などをあしらったものを身に付ける。そのペースはほぼひと月めぐりであり、季節はずれのものを身に着けたら笑われるので、着物好きはぼんやりしてはいられない。

和菓子も、ひと月より短いサイクルで季節をあしらったものに変わる。春には桜餅、よもぎ団子、柏餅、ちまきがあり、6月は鮎をかたどった若鮎や水無月、夏の葛《くず》桜、水ようかんが涼しさを誘う。秋には牡丹餅や月見団子、栗ようかんなどがあり、冬場は焼き物や饅頭《まんじゅう》のようなものが出回る。これらは町のスーパーなどで買えるが、茶席などに用いられる高級な和菓子ともなると、その色合いや形は洗練されて芸術品に近づく。

よくよく考えてみれば、日本人にとって、季節感の演出は、興業でも行商や露天商・店売りでも商売の基本だった。わが三越が春になると桜を飾るのもそうだが、「正月の福袋」や「七草」、「お中元・お歳暮」という伝統的な習慣にあやかるのもそれだ。バレンタイン、イースター、クリスマス、ハロウィン等々、国内の教徒の数から考えれば不思議なくらいキリスト教関連の季節セールも盛んである。これも、季節の移ろいを楽しみたいという日本人だからこそ思いつくアイデア商法であろう。

三越日本橋本店の玄関口に座っているだけの私たちライオンでさえ、いつしか季節感覚を身に着けてしまったようだ。たとえば一年の始まりを感じるのは、年の暮れから2月初めの寒い冬のさなか、それも深夜である。

オフィス街になった日本橋界隈では、この時間帯には人影が消える。すると、どこからともなく若者が、足音を忍ばせるようにして私たちに近寄ってくる。そして、辺りをうかがい、誰も見ていないのを確かめると、台座に足をかけて、私たちの背中にまたがるのだ。それもほんの一瞬だ。そしてまた、誰にも見られぬようにして、夜の闇に消えていく。この店だけでなくライオン像のある全国の三越の店で起きた現象だ。

「三越のライオン像に、誰にも見つからぬようにして跨《また》ると試験に合格する」との都市伝説が生まれたのは大正時代（1910年代）からだ。中学生や高校生にまじって社会人らしき人までが、私たちに跨《また》ったのだから面白い。といっても、今はそんな光景も少なくなった。受験生が減ったこともあるが、街中どこにでも防犯用のモニターカメラが設置されるようになってしまい、誰にも見られずに挙行することがむずかしくなったせいだろう。ともかく、こんな風にして新しい年がめぐってくることを感じていた。

そして春になれば、恒例通りに桜色の大きな暖簾が玄関にかけられる。日本人は本当に桜が大好きだ。地元の桜通り沿いの老舗で早いうちから呑んでいたのか、ほろ酔い加減の人が、私の鼻をなでて通り過ぎる。夏には太陽が真上から注いで路上の影を濃くする。熱せられたアスファルトの照り返しを避け、涼もうとして店内に逃げ込む人もいれば、庇《ひさし》の下の濃い影を求めて私の傍でひと息つく人もいる。また秋になれば、日本橋界隈では「きものWeek」や「日本橋・京橋まつり」でにぎわう。大規模な演舞のパレードも見物だ。

地元の人に言わせると、日本橋の秋の〆《しめ》は、10月半ばに大伝馬町に近い宝田恵比寿神社門前で開かれる「べったら市」だという。「べったら漬け」を売るこの市は、江戸中期から続くもので、大根を麹で漬け込んだ甘味が強いこの漬物は、ここから全国各地に広まった。いかにも江戸っ子が好きそうで、下はお店《たな》の小僧や職人から、上は将軍様や昭和天皇までも大好きだったと聞く。間違いなく江戸の食文化の一つであろう。

江戸っ子が特に好んだのは、「旬の走り」をさらに先取りするような「初物《はつもの》」だった。「初物を食べると七十五日も寿命がのびる」というあやしげな〝都市伝説〟を作りあげた。特に、春先になると鰹《かつお》が餌を追って、南から黒潮に乗って北上してくる。本当はまだ鰹も食べ盛りの時期だから旨みとなる脂は少ない。夏の終り頃、三陸沖の潮目でUターンして丸々と太った「戻り鰹」の方がおいしくて値段も手頃になるのだが、江戸っ子は承知しない。

「目に青葉、山ホトトギス、初ガツオ」との句ができるほど、春先の「初ガツオ」を好んだ。カツオもマグロもtuna（ツナ）とひとくくりにすませる英語圏の人には理解できる話ではない。落語研究家の興津要《おきつかなめ》さんは、著書の中で、こんなエピソードを紹介している。「1812年（文化9年）3月」の話だとある。

「（この日、）魚河岸に入荷した初鰹の数は17本で、6本は将軍家でお買い上げ、3本は料亭八百善《やおぜん》が二両一分で買い、8本を魚屋が仕入れ、そのうち1本を中村歌右衛門が3両で買って、大部屋役者にふるまった、という例があった」（『江戸食べもの誌』）。

将軍様は別格としよう。八百善は浅草山谷の超がつくほどの高級料亭、歌右衛門（3世）は、三都（京・大阪・江戸）随一の歌舞伎役者。金に困らぬ連中が買い占めたのだ。この時期の3両は今の30万円ぐらい。現在、普通のカツオならkg当たり1000

円ぐらいのものだろう。ともかく、「初物」好きの度合が普通じゃないということがわかる。

河岸のあった日本橋で江戸っ子たちが好んで食べたのは、そば、天ぷら、鮨そしてうなぎだったという。これは今でも変わらないが、果たしてこれらにも季節感を味わったのだろうか？　そばや天ぷらなどはさほど季節に関係ないように思うが、「新そば」の香ばしさや、旬の魚や野菜を揚げた天ぷらはやはり人気があったはずだ。鮨の旬ネタも、職人が得意の口上を添えて出していただろう。その点、うなぎは「夏に食べるもの」というイメージが強い。

当時の養生法では、夏バテしやすいこの時期に「う」の字のつくもの（瓜、うどん、梅干しなど）を食べるのが良いとされていた。うなぎもその一品であったが、通説では、発明マニアの平賀源内だか狂歌の大田蜀山人だかが、知り合いのうなぎ屋のために、「土用・丑の日にうなぎを食べると病気をしない」という惹句（キャッチコピー）をつくったのが受けたからだと言われている。では、冬のうなぎ屋は閑古鳥が鳴いていたかというとそんなことはない。底魚類《そこうおるい》の多くがそうであるように、うなぎも寒くなるほどに脂が乗ってうまくなることを知っていただろう。うなぎは冬こそ

「旬」だった。それに炭火で焼く料理だから、冬は冬なりの味と風情が愛されたに違いない。

やれやれ、ここに110年余りも座って人々の話を聞いたり、見えない魂になってあちこち見聞したりしたものだから、実際には一度も、一つも食べたことのない食べ物の話に、ついつい深入りしてしまった。私の関心は、この店の将来にある。この店がこれから「旬」をどのように演出し、人々に季節の移ろいを楽しむようにしていくか、そしてそれを、どのようにして事業に結び付けるかを見続けていたい。いや、この店だけではない。日本橋という街が、ここに働き、ここに暮らす人々が、どう変わっていくかを見たいのだ。

第10章
ボーダーレス化が進む日本の食文化を体感

インタビュー〈その5〉

三越日本橋本店の「デパ地下」は、食料品テナントが集まっているフロアであり、全体のコンセプトは「食文化体感!・食賓館」だが、２０１６年（平成28年）３月、その一角にメインショップとなるおもしろい空間「自遊庵」が出現した。飲食もでき、物販もするレストランには違いないが、「食文化体感」とはなんだろう？

「自遊庵」では、「〝季節・風土〟とそこに紐付く〝食材・素材〟から〝様式・演出・作法〟まで、日本に根付いた〝食〟にまつわる様々な要素を五感プラス心覚、知覚で感じること」だと定義づけたうえで、「お客さまがご自由に、季節の食を通して、楽しみ、遊んでいただく体感の場」、そして「食を楽しみ・遊ぶ〝食楽族〟に向けて、日本の食文化を五感で体感できるゾーン」と説明している。

業界紙向け資料のため、言い回しがちょっと難しいので意訳すると、「豊かな日本の食文化を色んな角度から見直して、それを体感できる場所」ということになる。従来の食品フロアは、作る材料を売り、作った惣菜やスィーツを売り、ギフトなどで贈るといった機能だったことを考えると、「体感」が加わることでだいぶ違うものになりそうなことはわかる。なお、〝食楽族〟というのは、第8章の「Hajimarino Cafe」でも出てきた〝族（tribe）〟の一種。「食を愛し、楽しみ、その背景と共に食を大切にする人」の意味だそうだ。

マネジメントしている服部友洋さんに、具体的な話を聞いてみた。

インタビュー

食品レストラン営業部企画推進マネージャー　服部友洋さん

当店は、2014年（平成26年）に「カルチャーリゾート百貨店」を掲げていますが、背景には、これからの百貨店は、「買う場所」から「感じる場所」に、感性を刺激し、「行くと気分が上がる場所」にならなくては、という思いがあります。食というメディアを通して、それをどう具体化できるかの試みをするショップが「自遊庵」です。

このショップでは、〝二十四節気〟をベースに置いて、2〜3週間ごとにテーマを設定します。業務用食品メーカーのケンコーマヨネーズ株式会社、サントリーなどと協働し、女子栄養大学栄養クリニックが監修します。オリジナルの「手まり寿司」と「創作和食」、甘味、カクテルなどのドリンクを提供します。役割分担は、私どもがテーマ食材を設定。それに沿ってケンコーマヨネーズ株式会社が最新の食のトレンドを反映したメニューを提案し、女子栄養大学栄養クリニックが栄養面や料理の背景といった視点から監修、サントリーは季節に合った創作カクテルを提案していくことになっています。

まず3月には、「桜」をテーマにしました。お出ししたのは、フリーズドライの桜の花びらのフレークと塩をミックスした「桜塩」で食べる手まり寿司、桜鯛と桜風味のエスプーマ（泡）とを混ぜながら味わいを変えて食べるリゾット、酒粕を入れて甘味と塩味を調和させた「桜餅の雑煮」、それに桜のロールケーキです。カクテルでは、ズブロッカ（バイソングラスを漬け込んだウオッカ）の

香りで桜に似た見た目と香りを楽しめます。別のセットメニューもあって、箸休めには柑橘ドレッシングと蜂蜜のマリネ液に漬け込んだジャガイモの漬け物、ハマグリと菜の花の吸い物、カブと菜の花のスプラウトサラダ付き。デザートは桜ゼリーとなりました。

4月のテーマは「わらび・寒天」でした。寒天は江戸時代に偶然発明された日本オリジナルの食べ物。水分を抱えて放さない性質があるため、料理やお菓子に加えると、みずみずしい食感になります。わらびの歴史はさらに古く、平安時代、醍醐天皇の好物がわらび餅だったとの言い伝えがあります。葛や寒天よりも柔らかく、口に入れるとすーっととろけます。わらび粉をぜいたくに使用したメニューや、珍しい寒天入りご飯、鯛と彩り野菜の蒸物（本わらび粉と青のりのとろみあん）、寒天のプリプリとした食感が楽しめるサラダ、つるつるとした食感が楽しめるじゅんさいのお吸い物、そして魚、肉、野菜を包んだ手まり寿司は、青じそ風味の寒天ジュレと一緒にいただけば、新鮮なテイストが味わえます。デザートは「わらび餅入り焼菓子　とろとろ和風ブラマンジェ添え」や「糖蜜で食べる水まんじゅう」などを用意しました。

6月前半には「トマト」をテーマにしました。この季節、二十四節気の「夏至」の時期ですが、蒸し暑くもあり、疲労感が抜けない季節です。そこで疲労回復に効果があるとされるリコピン豊富なトマトを選んだのです。トマトをあえて和食の「出汁《だし》」と合わせて旨みを引き出した「まるごとトマトと魚介のパエリア風炊き込みご飯」や、「トマトの出汁マリネ」、「トマトの味噌汁」、トマトフレーク塩を添えた手まり寿司も可愛いと思います。デザートには生地にトマトピューレを使った「スイートトマトのタルト」を作ってみました。また6月後半には「梅」をテーマにし、さわやかな酸味を活かした「焼き梅の鶏つくね　梅風味のあんかけ」スィーツとしては梅酒を使った清涼感のあるゼリーや「葛《くず》切《き》りの梅酒ゼリーがけ　梅あん最中添え」、甘じょっぱい「プラム・タルトフロマージュ」も用意しました。

この店には、手まり寿司に吸い物やサラダなどを添えたセットメニューが2種類あるほか、単品でのご注文もできます。またテイクアウトできるもの、物販として販売している食材・調味料もあります。

今月の「自遊庵」のテーマは何だろう？

お気づきになったかと思いますが、伝統的な和食ではない、イタリアンでも中華でもない食材や調理の組み合わせなのです。〝ボーダーレス〟と言っても良いかもしれません。現代は、これまで縁遠かった食材や調理法も、ネットなどで簡単に手に入る時代であり、食べることや飲むことへの興味、知識、体験がとても高まっています。日本の食文化が色々な意味でボーダーレス化し、その速度は加速していると見ています。同時に、世界無形遺産に認定されたことで「和食」への関心も世界的に高まっている。和菓子に関心を向ける人も増えていますね。

その関心は、つまり食の背景にある季節感、食材の「旬」などに向かい、さらに「和＝日本」のライフスタイル全体に向かって行くでしょう。

ここは食品フロアの中でも催事を行っていたスペースですが、お客さまの関心に対応するため、このような実験的スペースにしたのです。食べながら色んな情報が得られるモニターを付けたり、他のお買場から器や掛け軸を借りてきて飾ったりもしています。桜のときは桜をうたった短歌の短冊をフロアの各所に張り出してみました。日本人は、桜を楽しむ時には、きっといにしえの人たちが味わった情緒や感慨もなぞっていると思います。

ショップのコンセプトはまだ、目あたらしすぎるかもしれないし、しくみが洗練されていないかもしれませんが、「古い物をなぞりながら、思い切りボーダーレスな冒険もする」という姿勢で、このショップを続けたいと思います。

第11章
朝の風景に見る「おもてなし」

ライオンのモノローグ〈その6〉

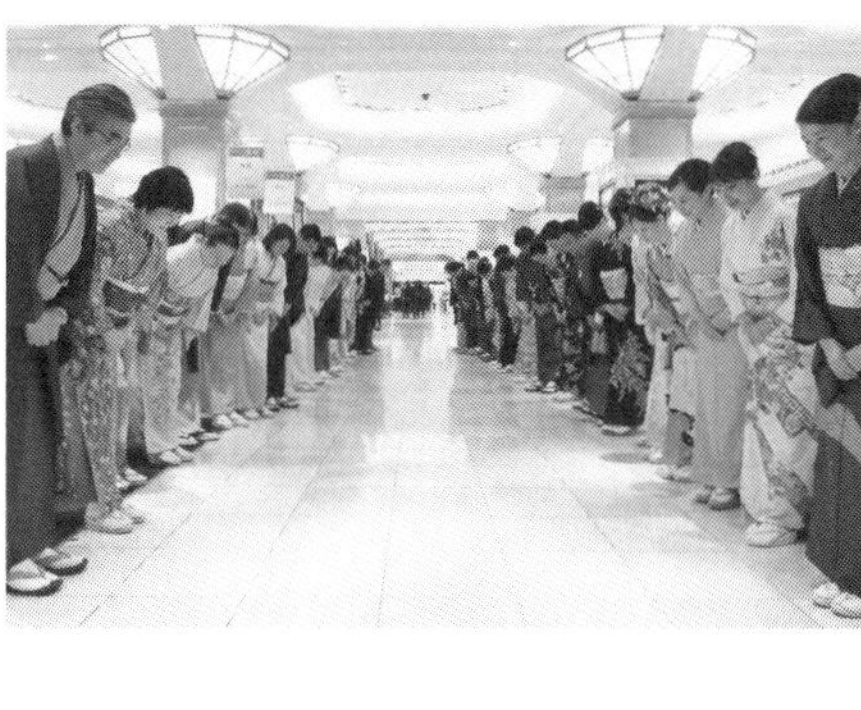

２０１６年（平成28年）　某月某日の朝。

私は、三越日本橋本店の朝の様子を見ている。もう何十年も見てきたものと同じ光景がそこにある。ただ、営業時間がこの４月から10時半開店で19時半閉店と変更された。変更の狙いは、交代のない「一直制」にすれば、お客さまがいつ来られても、いつもの、同じスタイリスト（販売スタッフ）が対応できることと、従業員の労働条件も改善できるからだ。それでも開店する30分前には全員が集合し、それぞれの持ち場で掃除やミーティング、お客さまを迎え入れる準備をすることには変わりはない。

本館ライオン口を入ったところにある受付カウンターに集まっているのは、６人ほどの接待チームだ。同じ１Ｆのフロアには、化粧品、アクセサリー、バッグや小物を売る〝お買場〟（売場）が多数あるが、それぞれの場所

でも販売のプロである「スタイリスト」たちが集合し、チーフやセールスマネージャーを中心にミーティングをしている。2階以上のフロアでも同じだ。

接待チームの6人は、朝礼の挨拶を交わしたのち、簡単な打ち合わせを始めた。前日の売上高報告、今日の売上目標、催事内容の確認、個別の伝達事項など、売場単位で必要な情報を共有する。この店では終業後の〝夕礼〟はないので、朝礼は貴重な情報共有の機会になる。

その後、いったん別れて自分が担当する作業に入る。カウンター回りの物品を確認する者もいれば、クラシックな状態のまま現役として稼働しているエレベーターを掃除する者もいる。10分ほどの作業の間に、まだ開いていないガラス扉の向こうにはお客さまがちらほらと集まっている。

準備作業を終えた接待メンバーが、店内各所に置かれたモニターの前にふたたび集まる。店内のＴＶスタジオから流される「カルチャーリゾートＴＶ」の番組を、メモ帳を手にして視聴している。今日がどのような日であるか、現在のキャンペーンにおける目玉商品の特徴は何か、どこのお買場でどんな催事があるかなど、全店レベルでの情報共有になる。登場するのはそれぞれの担当者である。

美術担当者は、開催中の「刀剣」イベントについて、「日本工芸の粋であり、最近はアニメの影響で日本刀に関心を持つ〝刀剣女子〟も増えております。女性のお客さまにもご案内をお願いします」とアピールするかと思えば、社内サークルで活動をしている〝管弦楽器族〟なるグループの女性たちは、「店内でサプライズ演奏をしたいと思っています。腕を上げて、（1階の）中央ホールでご披露するのが夢ですので、よろしくお願いします」

と挨拶する。形式ばった社内告知というより、現場で働く者たちが自由なアピールの場としている番組だ。

そしていよいよ開店の10時半。「開店の時間です」のアナウンスで、接待のチームや管理職の面々が玄関口に向かって並ぶ。中陽次店長の姿も見える、今日は羽織の着物姿だ。扉が開いてお客さまが入ると、「おはようございます」と全員が声をそろえて挨拶。手を前に組んでお辞儀をし、笑顔を絶やさずに待機の姿勢を続ける。その間、アナウンスが続く。今日の催し物が何であるかとか、エレベーター・エスカレーターはどこかなどの案内が英語でも流される。……さぁ、今日も一日が始まった。

近年増えている外国人観光客の中には、この開店時の挨拶の様子に興味を持つ人が少なくないとの話を聞いた。「とても日本的だ」、「歓迎されている気持ちが伝

わってくる」、「訓練が行き届いている」、「これが〝オモテナシ〟か」などと感想をつぶやくそうだ。私には見慣れている風景であり、スタッフたちも特別なふるまいをしている自覚はないだろう。これが当たり前と思っている者には、彼らが驚くことの方が驚きである。

「これが〝オモテナシ〟か」……と問われても、答えようがない。相手がどんなお客さまであっても、いつもごひいきにしていただいているお得意様とみなし、そのご厚情に感謝し、新たにお求めになる事柄についても、誠実に、全力で奉仕しますという気持ちを出しているだけのことだ。ほほ笑みやお辞儀も、その気持ちがカタチになったものに過ぎない。特別な厚遇や、愛想や、へりくだりをしているわけではない。

この程度の認識は、少なくとも飲食や宿泊や交通、小売りなど、接客サービスを伴う仕事に従事する日本人な

ら誰もが持っている。いや、日本人に限らず、世界のどこでも行われうる普遍的なものだろうと思ってしまうのだが……。

しかし、アジアの人から見ても、欧米人から見ても、日本人の接客サービスは〝質〟が違うらしいのだ。それらの国では、貴賓つまり特別なお客は、店にもたらしてくれる利益、貢献の度合いに応じて厚遇されるべきであり、サービスには差が生じる。サービスを求めるならそれなりの対価を要求して当然である。さして利益を生まない客は、それなりのあしらいで良いのだと考える。客もまた、自分の受けたサービスを評価する。チップという慣習はその典型だろう。これは〝質〟の違いであって、善悪や良否ではない、合理or不合理というのでもない。日本人は、いつの間にか、接客のサービスの質を独自に進化させてきたのだ。その結果に対して高い評価を受けている。

「サービスの質を進化させてきた」といってはみたものの、なぜ？　いつから？　どうしてこの方向に進化したのか？　など、さっぱりわからない。社会心理学者たちは、「同質で、同調しやすい民族だから」とか、「他人の目を気にし過ぎるから」、「他人に迷惑をかけることを嫌うから」、「自己主張せず、横並びを『良し』とする気質が」云々《うんぬん》と、日本人の特異性を指摘し、そこから価値観や行動様式の〝偏《かたよ》り〟を説明しようとする。〝偏り〟が良い面に出る場合もあれば、悪い面に出る場合もある、と。さしずめ「おもてなし」は、その前者というのだろう。だが、こんな解析は何やら怪しい。

特異性や〝偏り〟は、いつも、どこに住む人間にもあった。価値観や行動様式の違いは、些細《ささい》なデコボコに過ぎない。「おもてなし」に関していえば、日本人が歩んできた歴史、ビジネスが近代化するプロセスの中で、変わったのだ。これが接客サービスの最高レベルでもないし、いずれ世界標準になるという性質のものでもない。

三越日本橋本店における「おもてなし」は、三井高利による呉服屋「越後屋」から始まっているといわれる。現金・掛値なし、店先の現品陳列販売などの施策があった。また明治になってからの高橋義雄や日比翁助の経営改革もあった。下足あずかりを廃止し、土足で出入りできることや、商品を手でさわって確かめられる、返品を受け付ける、買った商品を自宅まで届けるなどの施策で、どれだけ買物が快適になったかしれない。それが当たり前になっている現代の感覚ではわかりにくいが、当時では、「お、いいね」、「わかってるねぇ、三越は」と、人々を感動させたことだろう。

「感動」こそが進化のキーワードだ。

進化の目安は「感動」を生み出せるか否かなのだ。この商法というか、感動を生み出すしくみ作りは、またたく間に知れ渡り、追随する同業者が日本全国に増えたのも自然な成り行きだろう。感動がなかったら、物好きな商人が、割りに合わぬことをしていると見なされただけだったろう。それにいっときの感動も、慣れてしまえば色褪《あ》せる。

三越の場合、感動のしくみ作りが進化し続けた。経営革新、業務の改善が継続的に続いたことも、サービスの進化を促しただろう。それは、卓越した名経営者のトップダウンだけで行われるものではない。現場で働く者たちの、日常的なボトムアップも必要だった。

三越にもそれがあった。一例が、１９６９年（昭和44年）3月から始まった「花開く運動」である。これはその10年ほど前から各店でおこなわれていたサービス向上運動を全社的活動として体系化したサークル活動である。ミーティングをおこなうことで達成目標を共有し、各人の接客サービスの向上に結びつけるものである。個人としては、言葉遣い、身だしなみ。商品知識、ディスプレイのスキル向上を図り、チームとしては、仕事の分担の明確化、ミーティングの充実、チームワーク強化などを目標にした。これは、当時、製造業から始まっていた「ＱＣ（品質管理）サークル」活動、ＴＱＣ（全社的品質管理）をいち早く取り入れたものだった。

ＱＣ活動は、敗戦国日本の産業復興を支援する目的で米国から導入されたものだが、日本は50年代から本家以上に広く普及し、工業製品からサービスの品質までレベルを上げることに役立てた。

三越のボトムアップ的な取組みはさらに続いた。１９８３年（昭和58年）には、前年の岡田社長解任騒動を機に、三越は出直すことを決め、「新生三越３ヵ年計画」を立てた。その具体的な推進のために、全社的業務改善運動（ＴＱＣ）を「みんなの心を結集運動」と名付けてスタートさせた。カイゼン＝ＱＣの手法で、職場単位で10名前後のサークルが作られた。また部門間の問題には管理職で作る４つの委員会が解決することになった。

三越伊勢丹グループとなってからは、伊勢丹が20年ほど前から進めてきた「職場の約束」運動も実施した。各お買場が、全員参加で取り組むテーマを決め、「約束」として実践するものだ。お買場は、お客さまの声を細大もらさず聞き取り、その要望をスピーディに実現するための最小単位の組織である。現場の力を重視し、それを引き上げることが、経営上、最優先の課題だという認識が背景にある。

ほぼ110年にわたって、こうした取り組みを見てきた私に言えることは、三越は、いつもアンテナを高く掲げて課題を見つけ、ゴールを設け、社内の力を合わせて解決の工夫を重ねてきた。危機においては仲間の結束が強まった。それがいつしか社風になり、人間でいえば体質になり、DNAとして継承されるよう進化したように思えるのだ。最初から、今のようなサービス品質だったわけではない。

それに、こういう進化は、規模の大小や業態の違いを超えて、日本の企業や商店の多くが経験してきたのではないかと思う。日本に100年を超える「老舗」が多い理由も納得できよう。ましてや、老舗だらけの街・日本橋で店を構えつづけてきたのだから、三越日本橋本店のサービス品質は、時間に磨かれたものになった。

今は、少し落ち付いたように思えるが、数年前まで、「おもてなし」が日本中でもてはやされた。何がきっかけになったかも明らかだ。「おもてなし」否《いや》さ「お・も・

て・な・し」が流行語になったきっかけは、２０１３年（平成25年）９月にアルゼンチン・ブエノスアイレスでおこなわれた２０２０年夏のオリンピック・パラリンピック開催地を決めるＩＯＣ（国際オリンピック委員会）の総会だった。

フリー・アナウンサーの滝川クリステルさんが、「東京は、私たちにしかできない独自のやり方で、みなさまをお迎えします。日本語ではそれを『お・も・て・な・し』という一語で表現できます」とプレゼンした。この言い回しが印象的で、その年の流行語大賞にもなった。そしてこの一語で接客サービスの要諦がすべて言いつくされるかのようにもてはやされることになった。「みんなで『おもてなし』しましょう！」と。

だが、日本の、接客サービスの現場に立つ人たちが、どこまで「おもてなし」を理解し、実践しているのかは、はなはだおぼつかない。肝心の外国人観光客にしても、「おもてなし」を理解し、それを期待して来日しているとは思えない。「おもてなし」には、カタチやマニュアルが似合わない。まず、画一的・固定的なものではない。相手の状況や希望に合わせて臨機応変、当意即妙で接する相対的なものだ。

ある時、三越日本橋本店の中 陽次店長は、こんなことを言ったことがある。

「うーん、『おもてなしする』って言い回しには抵抗があるね」と。「自分がもてなす主体なのに『お』をつけて丁寧語にし、もてなしという名詞に『する』を付けて動詞のように使うのは、『お茶する』みたいな気持ち悪い日本語です。『もてなす』という動詞は、本来『以って、成す』でしょ。相手の気持ちや立場を思いはかって、自分のできることをしてあげること。それは場を設《しつら》えることも、適切な飲食を用意することも、会話を楽しむこともすべて含んだ、もっと深くて広い〝しつらえ〟だと思いますよ。先日、招かれた茶席で亭主が教えてくれたのですが、茶席の言葉では、それを『一座建立《いちざこんりゅう》』と言うそうです。私たちの店が目指す接客の水準というのは、この『一座建立』ではないかと、思い当たりました。」

「一座建立」という言葉は茶席の言葉だという。辞書『大辞林』(第3版)には「一座建立」の意味を、「①能楽などで一座を経営すること。②茶道で、主客に一体感を生ずるほど充実した茶会となること。茶会の目的の一つとされる」とある。

だが、茶席での客のもてなしについては、昔から「一期一会《いちごいちえ》」という言葉がよく知られているが、両者はどう違うのだろう? 茶道の代表的家元・裏千家のホームページでは、初心者向けに以下のように解説している。

「お客さまを招く時には、できる限りのことをしてあげようと工夫します。簡単なようで意外と難しく奥の深いことですが、これにより招いた者（亭主）と招かれた客の心が通い合い、気持ちのよい状態が生まれます。このことを『一座建立《いちざこんりゅう》』といい、茶道では、とても大切にします。同じ意味をあらわす語で『一期一会《いちごいちえ》』があります。一期は一生、一会はただ一度の出会いです。茶席で、たとえ何度同じ人々が会するとしても、今日の茶会はただ一度限りの茶会であるから、亭主も客も共に思いやりをもって取り組むべきと教えています。このような気持ちを持ってさえいれば、茶道は楽しいものです。まずは、一服《いっぷく》を楽しんで飲むことが大切です。」

あくまで私の感想だが、「一期一会」には、茶の湯勃興期の、戦国武将たちの死生観にも通じそうな、亭主と客との間にある空気に、どこか緊迫した真剣味を感じさせる。対して「一座建立」は、工夫した設えや趣向に対して、客と主人がなごやかに、静かに盛り上がっているような和《なご》みを感じる。茶の湯の場には、このどちらも存在するという意味では、同じ言葉であるが、自分が亭主となって「もてなす」のであれば、「一座建立」に重きを置くという関係なのではないだろうか？

別の例だが、京都のある懐石料理店の例がわかりやすい。あるテレビ番組で、この店の料理人兼創業オーナーは、自分の店と料理が目指すのは、茶の湯の世界でいう「一座建立」だと語っていた。決して大きな店ではないが、客と主人が、そして客どうしが、料理や花や軸などを愛でながら和やかにその場を楽しんでいる空気感がすばらしかった。ミシュランの三つ星を6度にわたって取得したのも納得できた。

だが、21世紀のモダンなデパートであり、「カルチャーリゾート百貨店」というコンセプトを掲げる三越日本橋本店の接客の精髄(エッセンス)を、「一座建立」という考え方は、どう表現したら良いものだろう? そして、これからさらに、どんな進化をして行くのかを私も見届けたいのである。

第12章
「感動共有」のしくみ作り

インタビュー〈その6〉

「もてなし」（あえて丁寧語でなく）が何かを考える参考に2つの話を紹介しよう。

その1

時は鎌倉中期。ところは上野国《こうずけのくに》の佐野荘《さののしょう》。貧窮した暮らしをしている武士の家に、ある雪の夜、一夜の宿を求めた旅の僧がやってきた。武士は、僧をもてなすために、育てていた鉢植えの木を薪《まき》の代わりに燃やしてしまう。そして「貧しくても刀と槍だけは残してある。『いざ鎌倉！』となれば駆け参じるつもりだ」と語る。旅の僧はいたく感動した。その後ある時、全国に幕府の招集がかかり、武士は錆びた槍をかついで参陣。招集したのは鎌倉の主・北条時頼、実は冬の夜の旅の僧であった。貧乏武士は、家を再興される栄誉を得た。（謡曲『鉢木《はちのき》』）

その2

作家・水上勉は、ある年の冬に三島の禅寺・龍沢寺を訪れた。迎えた中川宋淵老師は、彼を風さらしの庭に案内した。そこには毛氈《もうせん》が敷かれ、石積みに茶釜が乗り、落ち松葉をくべて湯が沸いていた。まずはそれで熱い茶をいただくと、老師はブランデーをすすめた。かたわらで若い雲水がワカメをあぶる。やがて老師が「そろそろ、撞《つ》いてもらいましょうか」と声をかけると、雲水は松林の向こうの鐘楼へ走り去る。やがて聞こえてくる鐘の音。「昏《く》れなずむ林間のしじまを、鐘の音は糸になって耳にとどき、松葉の煙がそれをさらに嫋々《じょうじょう》と長く空にひいて、共にまぶれ消えるようだった。」（『土を喰う日々——わが精進十二ヵ月』）

一人は貧しくても気概を失わぬ、けなげな武士、もう一人は「鐘の音」を酒肴として客をもてなす風流な山寺の禅僧である。立場もその心映えの見せ方も異なるが、共通していることもある。「客人をもてなす究極の設《しつら》え」をしていることだ。「究極」は「できる限りの」と言い換えても良いだろう。当然ながら、客（北条時頼と水上勉）は、深く感動する。感動した客も、相当なものだということもわかる。古めかしい、少し抹香《まっこう》臭い話かもしれないが、日本人の心のどこかの琴線《きんせん》に触れるように思う。

三越日本橋本店における「もてなし」は、21世紀に、どんな風に進化するのかを知りたくて、中店長の話を聞いた。彼は１９５５年（昭和30年）の京都生まれ、１９７９

年（昭和54年）に入社した伊勢丹でキャリアを積み、２００８年（平成20年）の三越との経営統合・合併時から両社の営業部門を見るようになり、２０１１年（平成23年）伊勢丹新宿本店長を経て、２０１３年（平成25年）から三越日本橋本店長をつとめている。

インタビュー

三越日本橋本店長　中《なか》陽次《ようじ》さん

昨年3月ですが、表千家さんの茶室『不審菴』にお招きを受けまして、『一座建立』という言葉をその時に初めて体験しました。その日の茶会はすばらしくて、花や軸などで季節感を表し、私たち客と主人がお茶と会話を楽しみました。4時間も茶室にいたのですが、時間はまたたく間に過ぎ、まさに『一座建立』を体感しました。その時に思ったのは、『もてなし』というのはちやほやしたり、ただ気分を良くするということではない。一方通行ではなく、ホストとゲストが対等に和《なご》めるようになることだということ

です。山奥の禅寺で、鐘の音を酒肴にしてもてなす話も深いですね。

私は、デパート業界に入ってほぼ40年になりますが、販売するのはモノだけではないと、『もてなし』が最も大切な商品だと常々考えてきました。それも闇雲《やみくも》にへりくだる〟揉《も》み手〟ではなく、誠意と誇りを持って提供するサービスでなくてはなりません。同時に、これを事業のベースとして、組織で向上させるにはどんなしくみにすべきかということも考えてきました。

さいわいにして三越日本橋本店には、お手本とすべき先達《せんだつ》がいます。高橋義雄や日比翁助らが苦心し工夫して積み上げてきたものがあります。日比翁助は、『デパートは社交場であるべきだ』と早くから見抜いていた人だと思います。『社交場』とは、人が楽しみを求めて集まって来る場所つまり『リゾート』です。彼は生まれてくるのが少し早すぎたかもしれません。時代が100年かかってやっと彼に追い付いた。

ブランド価値の高いモノを売るのがデパート商法という時代はとうに過ぎました。モノよりも、トラベルやカルチャーなど体感できる〟コト〟を売る時代に入ったという。

でも、この店を愛して、信用して通ってくださるお客さまが、これから求めるものは何だと思いますか？　何を求めてこの店に集まるようになるのでしょう？

何でもそろえる必要はないけれど、一流のモノでかつ希少性のあるモノはちゃんとあるという店にしなくてはならないのです。そして、モノにしてもコトにしても、「初めて見た」とか「ここにあったのか」と感動してもらえることが大切です。

それと商品以上に大切なのは、接客です。お客さまが、盛り上がれる体験や会話を楽しみにやってくる。結果として、商品でなく接客によって売上が生まれるのです。大切なのは、お客さまに感動してもらうことで、自分もそこで一段レベルアップできることです。その経験を共有すれば、お買場のレベルが上がり、店全体のレベルアップになります。

先ほど、レベルアップには組織的に取り組むしくみ作りが必要だと申しましたが、『カルチャーリゾート百貨店』を目指すのですから、接客に関しても新しいしくみを工夫しなくてはなりません。

スーパーな人でなく、普通の人でもスーパーに「もてなし」ができるしくみです。

今、サービス向上で進めていることがいくつかあります。まず「絶対に断らない」というルールの徹底。お客さまが望むモノやコトについて、いくら新人であっても、「ありません」、「できません」、「わかりません」とはいわない。できる人やモノを探す努力をしなさいといっています。例をあげますと、先日、お客さまがこわれた古い竹籠を持参されて『直してほしい』といわれました。蓋《ふた》の丁合《ちょうあい》の具合が悪かったのですが、すぐには職人が見つからない。でも手をつくして探した鳥取県の職人さんが、竹を巻き直してくださいました。伊勢丹でも同じ経験をしました。クジャクの剥製《はくせい》にカビが出たのでなんとかして欲しいと頼まれたこともありました。これも職人さんを見つけるのに半年、修復作業に3ヵ月かけてお届けしました。いずれもお客さまからお礼のお手紙をいただきました。目先の利益や手間で計ったら割が合いません。でも、違う物差しで計ったら、将来の大きな利益に繋がる仕事だったと思います。

接客現場のルールの話に戻りますが、お断りしないためにも「お互いに繋がろう」といっています。これは、問題解決に当たって個人の力量だけで処理しようとせずに、複数で、あるいは部門の違うチームの力も借りて事に当たれということです。その為の、「タレント（能力）リスト」を作っています。何がしかの専門知識やスキルを持った人が社内外にはたくさんいます。その知人も含めたら大変な専門家リストができるはずです。困ったときは、誰かに尋ねるなり、そのリストを頼りにすれば良いのです。今まで、スタイリスト（販売スタッフ）の100人に1人しか解決できなかったことが、10人も20人もできる人が生まれています。

ルール化していることはまだあります。「プラス・アルファを売りなさい」ということです。お客さまがAという商品をお求めになりたいという場合、Aを売っておしまいというのではダメなのです。よくよくお話を聞いて、AよりもBかCをおすすめした方が良さそうだと判断したら、それを提案してみる。あるいは、

モノの使い方提案であっても良いでしょう。婦人服のあるマネージャーは、「2つ以上の使い方を提案する」ことを「職場の約束」運動の中で提案したのですが、そのお買場はみごとに活性化して、売上の伸び率でナンバーワンになりました。

これができるためには、お客さまのニーズを深掘りできる能力、抜群の商品知識、そして押しつけがましくなく、親身になって一緒に考える姿勢が必要になります。それが感動を呼び起こす『プラス・アルファ』です。当店の女将や若女将たちはそれができるのですから、今後はもっと増やさねばなりません。いわゆるコンシェルジュじゃない。お客さまと楽しい時間が作れる、感動を共有できるスタッフです。地元のおなじみさんとも友達ですよ。ですから、許される場合は、接客の会話の中では、お客さまの名前をお呼びするようにしています。その方がお互いの近しさが増します。

最後は、ルールではないですが、しくみ作りの一環と考えているのは、ディスプレイの中心に〝話の出来る場〟を設けるように指示しています。お気づきかと思いますが、この店は、どのフロアにも椅子やソファーがあちこちにあります。ご年配の方や、奥さまの買物を待つ男性には必要なのですが、それだけではありません。店の者が、お客さまと、「ちょっと掛けながらお話ししませんか?」と誘い、時にはお茶なども手配して、くつろいだ気分になれる場所がもっと必要です。テーブルも添えればなお良いですし、そうした場所に積極的にお誘いするようにしています。デパートの喫茶は高いと思われていますが、当店内の喫茶は、ワン・コイン（500円）以下の処がたくさんあります。また、ディスプレイに関連することですが、スピーカーや照明も工夫して、少しでも快適に、長く店内に滞在していただけるようにしています。

こうしたしくみ作りで目指しているのは、コンサルティング型の接客サービスあるいは、ソリューション（問題解決）型サービスといえるかもしれません。それができる人材がカギです。だから正規の従業員だけではなく、パートの方も、お取組先（取引先）のテナント各社さんから派遣されているスタイリスト（販売スタッフ）さんも一体となって前進できるような人事と組織の制度改革も進めています。2011年（平成23年）から始めた「エバーグリーン制度」は、優秀なスタイリストを平等に表彰するもので、現在はグループ全体で6万5000人以上いるスタイリストから、売上や上長の推薦などで毎年数十人が選ばれます。また、販売面では優秀だが、管理職になってマネジメントするのは苦手という人もいるので、「シニアスタイリスト」として活躍できる道をひらきました。

人材の能力を引き出すきっかけを作ることも大切ですね。たとえば2012年（平成24年）以来、「未来プロジェクト」というものが立ち上がっています。これは所属を問わず自己申告だけで参加できるもので、若手従業員だけでなく、定年を過ぎた方も、お取組先の方もおり、さまざまなトライアルショップを立ち上げたりしています。店頭ロビーや中央ホールで、ブックフェアをやったり猫グッズフェア、「バシビト（日本橋を愛する人の意味）」フェアをやったりするのも、トライアルの一環です。次の事業を育てる種まきにもなっています。

今後、デパートというのは、規模的に大きくなるビジネスだとは思いません。私たちは、一流のモノやコトがここなら手に入るという店を目指します。企業は国を創り、日本の将来の立国ともアジャストしていくと思っています。日本は工業製品においては、一流のモノ、ラグジュアリーなモノを作れたけど、衣食住などの生活分野、趣味などの精神分野ではまだまだです。それを仕込んで行く潜在力もノウハウも道具もあるのです。工芸品や織物・染物などのすごい技術も残っている。だけど、それらの資産をどこにどう向けるかわからないままになっています。私たちは、それらを再生させ、集めて、世界に売り出し、「メイド・イン・ジャパン」を再びブランド化するアンテナであり、最前線に立っているのだと思っています。

「メイド・イン・ジャパン」のブランドは、モノのすばらしさだけではないでしょう。平和を願い、自然に対して敬意を失わない。清潔さを保とうとし、互いには『和』を重んじる……。こういうものは、実は21世紀の世界が希求している価値ではないでしょうか？　小さな国なのにノーベル賞受賞者が多いのも、将来を信じて、地道な基礎研究に打ち込める環境・風土があるからだと思います。繊細すぎるほどの感性も、華美であることより侘《わ》びや寂《さ》びに魅かれる心性も、世界中に知ってもらえれば、意識を共有し、日本文化を紹介し、共感を引き出してくれる人は多いと思います。

こういう日本的な無形の価値を、私たちの流儀でビジネスにしていきたいのです。たとえば、今、準備していることの一つが、「茶会」を売り出すことです。茶事《ちゃじ》には、日本的精神が凝縮していると思います。三越日本橋本店には、着物や軸、花器や茶器、必要なすべての、それも最高レベルの物があります。茶室もあります。でも、このイベントは当店だけでやるのでなく、日本橋地区全体で取り組みたい。『ここに日本がある』と発信できたら嬉しいですね。

今は、『カルチャーリゾート百貨店』の完成のために、未来という大きなキャンバスに、繰り返しデッサンをしている段階だと考えています。それがそろそろ見えてきました。

コラム

三越のパッケージ、「実り」と「華ひらく」

2014年（平成26年）4月に、「デパートメントストア宣言」110周年を記念して、ショッパーを57年ぶりにリニューアルした。それまでの物は、水色と紺、ピンクの3色を使ったデザインで、1957年（昭和32年）から使われてきたもの。今回デザインしたのは、親子2代の人間国宝である友禅作家森口邦彦氏で、日本伝統工芸展60回展に出品した着物作品のために作られたものが基本となっている。

テーマは「実り」で、たわわに実るリンゴを幾何学模様でグレーと赤の2色で表現している。専門的には「白《しろ》地《ぢ》位《い》相割付文《そうわりつけもん》」というが、伝統的な割付文様というのは、一個の文様を規則的に繰り返し、縦横《たてよこ》に割ることのできるものをいう。これに「位相」という科学用語がついているのは、森口氏独自のアイデアで、周期的に繰り返される文様が、動きに伴い、異なる局面を見せるよう工夫しているからだ。よく見ると、4面に描かれた幾何学文様の黒い文様の部分は、少しずつ細くなり、膨縮を繰り返して、あたかも柄が動いているかのように見える。4面が全く違った印象をあたえる。

なお、ショッパーは変えたが、商品を包装する白地に赤の包装紙は変わらない。こちらは1951年（昭和26年）の中元から全国の三越で使われるようになった。包装紙といえば、茶色の地味なハトロン紙が普通だっただけに、しゃれたオリジナル包装紙は、日本初の画期的なものだった。デザインしたのは洋画家の猪熊弦一郎氏。テーマは「華ひらく」だったが、有機的・抽象的な赤いパターンに白い点の図柄が生まれたのは、画伯が千葉の犬吠埼を散策中、海岸で波に洗われる石を見て、「一つとして同じ形のないシンプルで力強い不思議な造形美であった。波にも風にも負けずに頑固で強い」とひらめいたからだという。どこから見ても図柄の美しさが変わらない。

「華ひらく」というのは、封印テープをはがすと「はらりと華がひらく」ように紙質が工夫されているからだ。新人研修では、包装の際、封印テープ以外にセロテープなどで補助止めしないように厳しく指導される。ベテランともなると、何を梱包しても、同じ位置に三越のロゴが並んで見えるようにできるという。

余談。できあがったデザインを猪熊氏宅に受け取りに行ったのは、当時三越宣伝部の社員だった後の漫画家、やなせたかし氏だった。ご存知「アンパンマン」の作者。随所にみられる白抜きローマ字のmitsukoshiサインは、やなせ氏によるものだ。

有料ショッパーとして6色の横ストライプのものもある。こちらは1983年（昭和58年）2月にできたもので3種のサイズがある。6色は各国の国旗に多く使われている色だという。パッケージデザインとして59年度「クリオ賞」を受賞している。

第13章
勇気と自由の大切さを人に告げる

ライオンのモノローグ〈その7〉

２０１６年（平成28年）の5月は、三越日本橋本店本館をめぐって、二つの大きなニュースが流れて世間の話題になった。一つは、文化庁の文化審議会の答申を受けて、本館の建物が国の重要文化財の指定を受ける運びになったというもの。１９１４年（大正3年）9月ルネッサンス式地下1階、地上5階建で落成してから、関東大震災で大部分を焼失。しかし１９３５年（昭和10年）、6年の歳月を費やし増築改修された。「わが国の百貨店の歴史を象徴する」ものと評価された。主な部分は本館外観、三越劇場、中央ホール、特別食堂、金字塔である。なお今回の重要文化財指定より以前、１９９９年（平成11年）には、「東京都歴史的建造物」にも選定されている。

もう一つのニュースは、全館リモデル（再開発）に向けた計画の発表だった。新たなストアコンセプト「カルチャーリゾート百貨店」に沿って、２０１７年（平成29年）から順次リモデルを進め、２０１８年（平成30年）春に第一期グランドオープンをする。

さらにリリースでは、「再開発では生活にまつわる文化を軸にフロアやマーチャンダイジングを構成し、アートをはじめとする『あそび文化』にまつわる商品やサービスを充実させる。第一期ではコンテンポラリーアートをはじめ館内のギャラリーを現在の5ヵ所から10ヵ所に増やすなど、ファッションでは捉えきれない、日本の美意識を伝える取り組みとして「カルチャー（主に日本文化）」を最も重要なファクターとして構成し、明確な特徴のあるお店を創り出す」とある。

また、環境デザインのディレクターには、２０２０年東京オリンピックのメイン会場となる新国立競技場を設計する、建築家の隈研吾氏を起用。デザインのコンセプトは、人が集まる「樹」と人が流れる「道」だ。

人々が気にしたのは、保存されるべき文化財を抱えながら、大幅なリニューアルを行うという点だったが、「重要文化財の指定を受ける見通しとなった外観や中央ホールなどはそのままに、リモデルのフロアによってデザインテーマを変えて、切子《きりこ》（著者注。切子は、伝統的ガラス細工）など日本ならではの意匠を取り入れる。買い回りしやすいよう構成し、交流と遊び心を体現できる店作りを目指す」との説明に、人々は理解し、新たな期待を寄せてくれたようだ。

さて、これらの報道から2ヵ月ほど過ぎた夏のある日、昼近くのことだった。陽は高くのぼり、道路には熱気が立ちのぼっていた。店に向かうお客さまは、少しでも早く冷房の効いた店内に逃げ込もうと急ぐ。しかし一人だけ違っていた。麻の上下を着た小柄で無帽の老人が、急ぐ風も見せずに私に近づいてきた。

彼は、玄関に向かって右手に座るライオンの台座をしげしげとながめていた。そこにはブロンズのプレートがはめ込まれている。この建物ができると同時に私たちライオン像が据え置かれてから100年に当たる2014年、詩人の谷川俊太郎さんが記念にと書き下ろしてくれた「野生の威厳」という詩が刻まれている。

老人は声を出してその詩を読みはじめた。

「スフィンクスは問いかけて人を試したが　このライオンは人に答え続ける存在だ私たちの心はどんな時代にも　聖俗ごたまぜの問いかけに満ちている……。うむ、谷川俊太郎さんの詩か。お父さんの徹三氏の哲学や美学の本は随分読んだなぁ。俊太郎さんは、今おいくつだろう。80代半ば過ぎかな……」と、読みながらひとりごとを挟む。

「……人智を超えたこの野生の存在は　無言でただそこにとどまることで　どんな

言論にもどんな行動にもまして　勇気と自由の大切さを人に告げる」という最後の部分は、２度ほど繰り返して読み、「……野生の威厳」とぽつりといった。

老人は、今度は左手に座る私のところに来た。私の横に立ち止まり、寄りかかるようにして右の掌《てのひら》を私の左腕につけた。私と老人が並んで、外の中央通りを眺めている格好になった。

「ブロンズの肌の冷たさの奥に　ひそかに脈打つ心臓を隠している……」と、先ほどの詩の中にある一節を、私に話しかけるようにつぶやく。しわだらけの、シミの浮いた、枯れ枝のようなその手は意外に熱かった。

「なるほど、ひんやりして気持ちがいい。君には見えざるハートがあるんだね。……ここに座って、もう１００年が過ぎたのか。私は98歳だから君の弟分になるが、君ならわかるだろう、50年とか１００年なんて時間は過ぎてしまえばアッというほどのものだということが。あの詩の中には、『時の流れに洗われながらも　苛酷な天才人災にも恬然《てんぜん》として』とあるけど、そりゃあ、永い時間の中にはいろいろある。苛酷すぎると思うことも、何度も何度もあったね。でも、時は、やはり、アッという間に過ぎて行く。そして、過ぎた時間を想い出してみても、どこまでが夢か現実かわからなくなる。

　この齢になってやっとわかってきたのは、酔っぱらっているのか、夢見ているのかもわからぬままに人生が過ぎて行くということだ。でも、私は『恬然』とはいかない、むしろ〃呆然〃だが、君はどうだい？　そうか酒は呑まないか、だから『恬然』とできるのか、はは……」

　老人は、そのまま黙ってしまった。掌は私の腕に置いたままだ。しばらくたって、また何ごとかつぶやきはじめた。

「『威厳』か、英語だとdignityかな？　いい言葉だ。私の曲がった背筋さえしゃんと伸びる

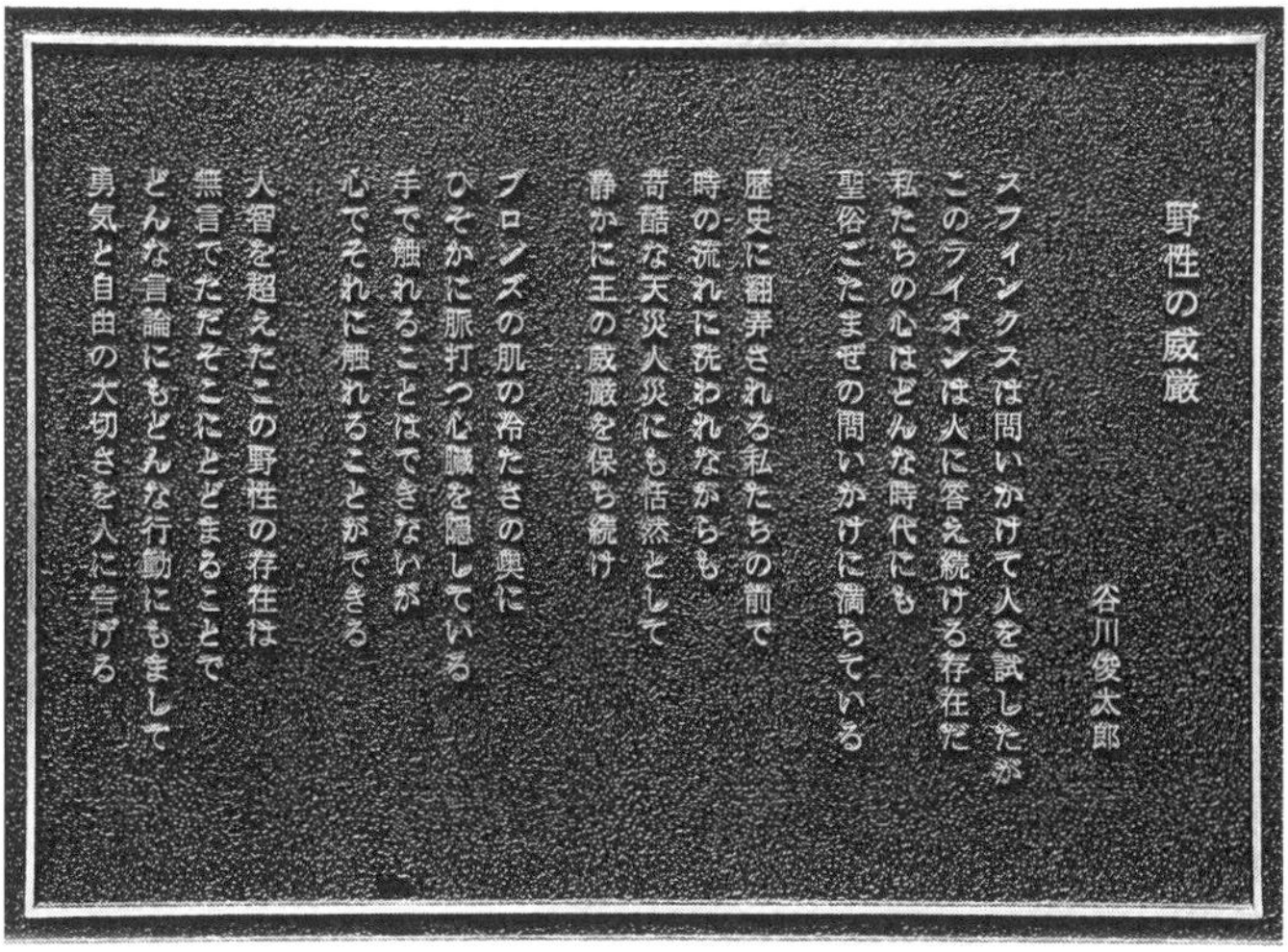
野性の威厳
谷川俊太郎
スフィンクスは問いかけて人を試したが
このライオンは人に答え続ける存在だ
私たちの心はどんな時代にも
聖俗ごたまぜの問いかけに満ちている
歴史に翻弄される私たちの前で
時の流れに洗われながらも
苛酷な天災人災にも恬然として
静かに王の威厳を保ち続け
ブロンズの肌の冷たさの奥に
ひそかに脈打つ心臓を隠している
手で触れることはできないが
心でそれに触れることができる
人智を超えたこの野性の存在は
無言でただそこにとどまることで
どんな言論にもどんな行動にもまして
勇気と自由の大切さを人に告げる
谷川俊太郎さんの詩を刻んだブロンズのプレート

気がするよ。世上の名誉も地位も資産もなくても、心には堂々たるdignityを持ち続けたいと、ずっと思ってきた。少年志願兵で戦争に行き、職業軍人のまま終戦を迎えたからかもしれない。武人は一種の野人だね。実際の私はこの通りの外見で威厳にはほど遠い。家族から敬意を受けた覚えもない。家族といっても、復員して生まれた長女と長男はもう70に手が届くし、妻は子どもの成人式を見届けずに結核であの世に召されたよ。私に敬意を払ってくれたのはこの人ぐらいだ。苦楽を一緒にしたからね……。孫もアラフォーだ。3人の孫は結婚しそうにないから、ひ孫は望めない。私の家系はやがて絶えるだろう……。別に寂しくも未練もない。」

言葉を拾って書き起こせば饒舌なようだが、老人の話し方はひどくゆっくりで、声はかすれがちだ。ただ、穏やかで笑むように見えるその眼が、時々、真剣味を帯びて鋭く光る。

私は、この老人が日本人の祖型のように思えた。江戸から明治・大正・昭和、そして平成の今になっても日本人の内面は変わらない。特有の資質というか心性を受け継いでいる。

いつもは穏やかなのに、時に、目ざましいほど〝気の張り〟を見せることがある。

Integrityという英語や『凛』という漢字が似合う。この老人がまさにそれだ、と感じた。

「私は、もう数年も待たずにあの世に召されるだろう。死そのものはさんざん見てきているから怖くはない。むしろ君のように死なないもの、不朽と見えるものの行く末が気にかかるんだから不思議だね。日本という国家もそうだ。この国は、これからどうなるんだ、とね。」

かすれた小さな声でのつぶやきが続いた。

「何千年も朽ちぬ青銅製の君だが、君はどこに行くんだい？　君は英国が祖国と思っているかもしれないが、それは違う。ここに座った時からlionではなくて、日本の獅子だよ。」

そこまでのつぶきを聴いたとき、近隣の店先で「打ち水」が始まった。東京都下水道局が後援して、企業や商店が再生水を使い、昔ながらの納涼法として道路に水を撒《ま》く。都内では２００３年頃から始まった市民活動だ。陽に反射してきらめく水滴がいかにも涼し気である。

「打ち水」に瞬時気を取られていたが、気がつくと、もう老人はいなかった。周囲には後ろ姿も見えない。店内に入ったか、店を離れたかもわからない。まるで「打ち水」が生んだ陽炎《かげろう》の中に溶け込んだかのような消え方だった。本当に、あの老人が脇にいたのかさえ疑わしくなった。さっきのつぶやきも夢か幻だったのか。

めぐってきた涼気を感じながら、老人の最後の言葉が心の中にこだまする。「君は、日本の獅子だよ」と。

その年の秋が来、冬が来ても、その老人は来なかった。茫々《ぼうぼう》と時が過ぎた。

この頃、私は自分のミッション（使命）というものを考えている。待ち合わせの目印でもあるし、邪気や魔を遮る守護神でもある、時には半被《はっぴ》やＶＲ（ヴァーチャル・リアリティ）仮想現実）ゴーグルを着せられて店の演出を手伝うこともあった。だが、より重要で深い使命もあるのではないか……。日本あるいは日本人の何者かを象徴して存在し続けることだ。谷川さんの詩句を借りれば、「勇気と自由の大切さを人に告げる」ために。

第14章
「カルチャーリゾート百貨店」解題《かいだい》

インタビュー〈その7〉

２０１４年（平成26年）の宣言から2年、「カルチャーリゾート百貨店」の完成に向けた一歩が大きく踏み出されることになった。そのストアコンセプトをおさらいすると、こうなる。

「文化に浸って楽しむ店」、食文化・服装文化・住文化・遊び文化といった、「生活の中に息づく文化」に着目し、ファッションだけではないかっこ良さ、装い、味わい、美意識をお客さまに伝え、体感していただく。そして「日本一楽しめる店、遊べる店」を目指す。

これでは抽象的かもしれないが、何しろすべての計画がかっちりと決まっているのではなく、トライアルを重ねながら同時進行でカタチを創ろうというチャレンジである。ただ、大枠の考え方やイメージは決まった。現段階で見えている所をプロジェクト推進役の一人である営業計画担当部長の日高和繁さんに解説してもらった。

インタビュー

営業計画担当部長　日高和繁さん

進めているプロジェクトは、店舗のリニューアルだけではなく、マーチャンダイジングや接客の考え方から業務の進め方まで新しく改革し、再開発しようということなので『リモデル』なのです。順にご説明しましょう。

これまで百貨店では、お客さまを年齢や性別、職業などの属性とかライフスタイルをもとにして分類して捉えてターゲットを設定し、品ぞろえなどを決めてきたのですが、どうもそれだけでは多様化するお客さまの実像、求めているものが捉えられないと考え、興味や価値観が同じ〝族〟（トライブ）という考え方をしてみることにしました。「アートが好き」、「ネコが好き」、「旅行が好き」という方は、性別や年齢には関係なく多数存在します。それぞれを〝族〟とくくれば明確になります。その中でも三越日本橋本店らしい〝族〟に注目してみようということで、『日本文化族』、『アート・工芸族』、

『(服・靴などの)アイテム好き族』、『茶の道(茶道)族』、『機械時計族』のようにお客さまを捉えていこうと考えています。

マーチャンダイジングの特徴としては、「モノ」(商品)を中心にご提供するのでなく、これからは「暮らし方」(モノ+使い方)をスタイリスト(販売員)の接客を通して、コミュニケーションが生まれる環境の中でご提供します。ですから商品と接客と環境が三位一体、同比率で売上げを生み出すという考え方をしています。

となると、接客の果たす役割もきわめて重要になりますね。お客さまのご要望をスタイリストがじっくりと聞くだけでなく、その要望や課題に応えるために、スタイリスト同士が連携して動く。チームでの接客対応によるソリューションを基本にする。それによってお客さまのご満足度も高まり、繋がりがさらに深まります。これは昔の呉服商・越後屋がやっていた『座売り』の考え方に近いもので、その現代版といっても良いでしょう。

品揃えですが、従来の百貨店が「ファッション」を基軸にしてきましたが、先ほどお話した〝族〟の考え方によって大きく変わってきます。特に日本の美意識、日本文化を重視した構成にした特徴ある品ぞろえになります。これまでアパレルや雑貨等の流行品（ファッション）を、高級なもの、先端的なものを上部に置き、並みのものを下部に置くピラミッドを念頭において商品構成してきたのですが、ピラミッドの上に置くのは、アート的なもの、遊び要素の高いもの、オーダー品、カスタマイズ的なものになります。

　そして「広さ」よりも「深さ」を追求します。限られた売場面積の中では、「なんでもある」より、「どこよりも深い品ぞろえ」をしているようにしたいのです。これがカルチャー・マーチャンダイジングです。

　たとえばですが、フォルムに着目して帽子を徹底的に集めてみる、時計でも機械式で、ここにし

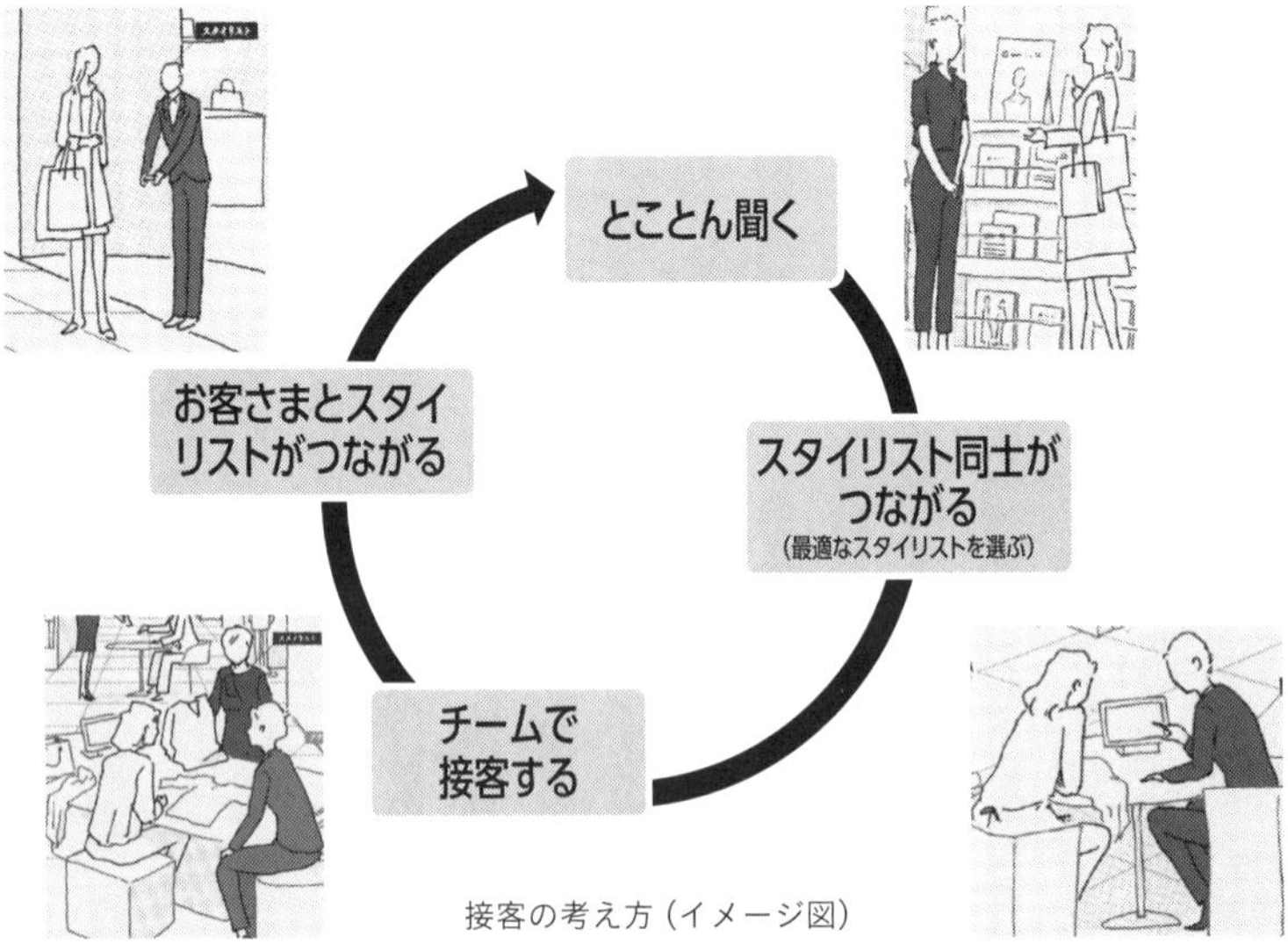

接客の考え方（イメージ図）

かないものが見つかるといったことです。お料理も季節感や歳時記を追求する。今はやらなくなった伝統的な遊びを体感する、アートなら若い芸大生の実験的作品も紹介する……というイメージを描いています。実際にはすでに計画しているもの、実行しているものもたくさんあるので、各フロアをよく見ていただければ、ただ商品を置いているのでなく、関連するミニイベントをやっていたりするので、動的・立体的な構成や陳列のイメージをつかんでいただけると思います。

そうなるとフロア構成も変わってきますね。本館中層階までに『食文化』、『服装文化』、『住文化』を置き、本館上層階と新館を『遊び文化』で展開します。2018年春までの第一期リモデルでは、本館の1階、新館の1～2階を対象とし、新館にはコンポラリーアート（現代美術）のギャラリーを複数設けます。本館にはすでに特徴あるギャラリーが5つあるので、全部で10か所くらいになるはずです。

最後に環境デザインですが、これは、スタイリストの接客を通してコミュニケーションを生むように工夫します。全体に開放感があり、お客さまがくつろぎながらスタイリストとおしゃべりできる雰囲気にしたいです。環境デザインは、新東京国立競技場を手

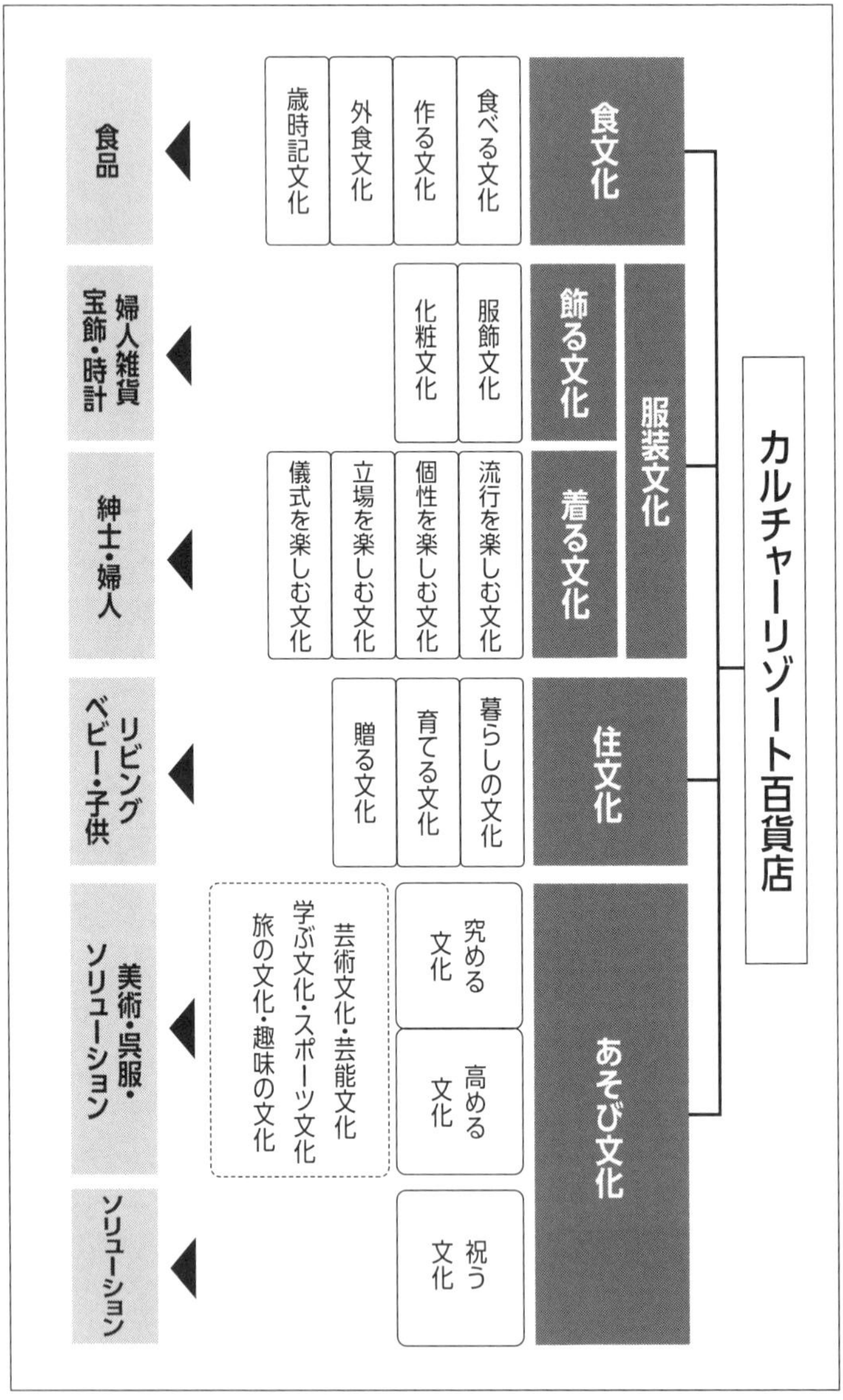

カルチャーリゾート百貨店の全体コンセプト：展開分類を文化（カルチャー）で分類

がける建築家・隈研吾氏にお願いしています。交流と遊びごころを体現する環境デザインを目指し、コンセプトを『人が集まる〝樹〟』と、『人が流れる〝道〟』としています。重要文化財指定を受けた本館の建築的価値をも取り込みながら。空間としても「文化に浸って楽しむ店」になると思います。

終 章

「カルチャーリゾート百貨店」構想の具体的展開プランを聞きながら考えたことがある。客層ターゲットを「族」(トライブ)でくるというのは、かなりのチャレンジになるだろう、と。

というのも、店側が先端的なカルチャー・トライブに絞り込むということは、客の方でも、鋭い客ほどどこの店を狙って来る。今まで以上に、深い専門情報やサプライズを求めてくる。それに対して、少なくとも互角の接客ができなければ、決してリピーターにはなってくれまい。「族」相手の接客というのは、とてもチャンレンジになる。それだけに購入単価も接客のやりがいも大きくなるのだが……。

たとえば「茶《さ》の道《みち》族」での展開が始まっている。これは三越日本橋本店だけの取り組みではない。三越伊勢丹グループの企業メッセージ「this is japan.」に沿ったものとして、伊勢丹新宿本店でも「茶の道コーナー」を設け、ここに全国の銘茶、茶菓子、茶の器まで並べて見せている。老舗らしさや日本的なものへの表現にこだわる三越日本橋本店の場合は、これ以上の展開になるだろうと期待される。もっとディープな「茶の道」コーナーが、茶会なども開催して立体的に展開することになる。さて、そこで「茶の道族《さみち》」相手に、スタッフたちがどんな接客ぶりを見せるかに興味がわく。

ところで、「お茶」をめぐっての一般の状況はどうだろう？　茶葉の代表的産地・静岡県の「お茶白書」を見ると、「昔からの茶葉を急須でだして飲む『リーフ（緑茶）茶』の需要は低迷しているものの、ニーズは多様化し、発酵茶（ウーロン茶、紅茶）や釜炒り茶など特徴あるお茶の人気が高まっている」とある。同県では、茶葉の香りをより強く抽出する技術を開発し、その可能性に期待をかけていたりする。また急須に代わって普及した缶入りやペットボトル需要は１９９０年代から伸び続けており、パイオニアである伊藤園の資料によると、国内市場は４０００億円、国民１人当たり年間18ℓも消費しているという。

街での「お茶動向」にも変化はあるようだ。たとえば、若い人たちの間では、抹茶人気がすっかり定着しているようにも見える。高校生が京都に修学旅行に行けば、「都路里《つじり》の抹茶パフェを食べて、生八つ橋の抹茶バージョンを土産にする。新宿紀伊國屋書店1階通路にある「お茶の立ち飲みスタンド＝紀伊茶屋（KINO CHAYA）」には、グリーンティードリンクや抹茶ソフトクリームを食べて待ち合わせしている若い人で一杯だ。これは日本人だけではない。アジアから来る人たちの間でも、抹茶を取り入れたスナック菓子が大人気であるが、彼らの「お茶」についての素養が、目覚ましく上昇していることも見逃してはなるまい。

つい先日も、中国のネットサイトにこんな記事が出ていた。

「中国メディア・界面は27日、『たった8種類の茶と11のルールで、日本の茶道が中国に完勝?』と題した文章を掲載した。文章は、日本の茶道が中国を起源とするものでありながら、茶道文化の重視ぶり、普及ぶりは中国を上回っているとしたうえで、日本で独自に発展したお茶の文化について紹介している。

まず、『日本人が主に飲む、8種類のお茶』として玉露、抹茶、煎茶、番茶、茎茶、粉茶、ほうじ茶、玄米茶という緑茶のバリエーションを紹介。中国から伝わって来た緑茶が長い時間をかけて日本の風土に合った緑茶へと変化し、その製造工程や茶葉の形状によって細かく種類が分かれるに至ったと解説している。また、日本の緑茶の中で抹茶に次いで中国でよく知られているのが玄米茶であるとし、『日本料理店に行くと、店員がお米の香りが芳ばしい玄米茶を出してくれる』と説明した。

さらに、日本の茶道には『四規七則』なるルールが存在すると紹介。『四規』は『和・敬・静・寂』であり、『和敬』は主人と客人が持つべき心構えを、『静寂』は茶室や庭園の環境を示すとした。（以下略）」（サーチナ serchina：２０１６年7月30日 http://news.livedoor.com/article/detail/11827244/）

これまで、外国人に向けて、日本のお茶や茶道の魅力を伝えたい時、どんな風にしてきたのだろう？　昔からやってきたのは、「お茶は薬効ある飲料であるだけでなく、禅にも通じる精神の文化でもあります」と岡倉天心の『茶の本』序文にあるようなことばかりを述べてきたのではなかろうか？　でも、それがどれだけ伝わっただろう？　１９００年以降、国際交流の場や万国博などで、「反響があった」「多くの関心を集めた」とされるのは１９８０年代の初期だけ。つまりエコノミックアニマルが世界を席巻し、『Japan as No.1』を吹聴されたほんの一時期で、世界中が、「日本の経済力の源泉」を、あらゆる事象から見つけ出そうとした時期だけだったのではないだろうか？

説明を受ける側に、よほど強いインタレストがない限り、相手の心には響かない。ましてや商品としての価値だけでなく、精神文化まで伝えようとするのは無理があったはずだ。それに気付かず、無意識のうちに、上から目線で、「お茶は健康に良いだけではありません。あなたの好きな日本文化の神髄です」と説明してしまう。

「茶の道」コーナーでは、こうした接客のトークからして変わらざるを得ないだろう。こちらの言いたいことを抑えて、こう語りかけることになるかもしれない。

「日本人は、お茶を飲むとホッとくつろげる気持ちになり、仲間がいれば、その関係が和みます。あなたのお国でも、そんな飲み物があるでしょう？」と。

茶に限らず、世界には癒しの飲料がたくさんある。酒やチョコレートだってそうなのだが、英国人は紅茶を、ラテン系の人や中東の人は濃いコーヒーを、米国人は浅炒りのアメリカンコーヒー、中南米ならマテ茶やガラナがあり、中国には見事な作法で嗜《たしな》むウーロン茶がある。モンゴルのバター茶、ロシアのジャムティー……といった具合だ。

だから、「あなたのお国のお茶はどんなものですか?」と聞かれたら、世界中の人がそれぞれに喜んで話してくれるに違いないのだ。話題としても和めるものであるし、誰だって、頭から教え込まれるよりも、自分から話したいし教えたいものだ。特に、自国愛が強い人ほどそうだろう。それはとても新鮮で面白い話に違いないのだ。

英国式アフターヌーンティーの楽しみ方だけでも話は尽きないだろうし、英国人の好きな「ミルクが先か紅茶が先か」の議論も生まれるかもしれない。歴史好きのアメリカ人や東海岸のカナダ人なら、「曽祖父たちの頃、日本から緑茶がたくさん輸入されました。それを私たちの祖先は、なんと砂糖とミルクを入れて飲んでいたそうです」なんて話をしてくれるかもしれない。さらには、米国独立戦争のきっかけになった、ボストン港での紅茶箱投げ入れ事件の顛末をじっくり話してくれるかもしれない。世界規模での「紅茶v.s緑茶」の貿易戦争史、お茶を意味する「チャイ」と「ティー」がどのルートで広がったのか……等々。

三越日本橋本店の歴史に興味を持つ人ならば、三井財閥の重鎮・益田孝が「鈍《どん》翁《おう》」、経営改革を行った高橋義雄が「箒庵《そうあん》」の号を持つ大茶人であったことは有名である。

日本語には「日常茶飯事」という言葉もある。「ありきたり」と否定的な意味でも使われるが、気取らない、カジュアルで簡素な、日々の暮らしの積み重ねという意味もある。「お茶」を語るのに、何百年も昔の「大茶人、大茶会、大茶器」でなくても良いのだ。いつものお茶を飲むときにちょっとだけ背筋を伸ばして、ちょっとだけゆっくりと口に含んでみるだけで、日常茶飯事がこんなにも，貴重で大切なことだったのか分かるだろう。これこそ、荒れ狂う世界の中で、人々が求めている平安さ、清浄さではないだろうか？

あとがき

国連の専門機関である世界観光機関が発表している「世界観光ランキング」（World Tourism Barometer）によると、２０１５年（平成27年）の外国人観光客が多い国は、上からフランス（約８４００万人）、アメリカ合衆国（約７８００万人）、スペイン（約６８００万人）、中国（約５７００万人）、イタリア（５１００万人）、トルコ（２０１５年は未確定だが２０１４年は約４０００万人）の順になっていて、２０１３年（平成25年）以降、この順位は変わらないし、人数も大きな変化はない。そのランクの中で、一番大きな動きをしているのが日本で、２０１３年（平成25年）からの順位を27位、22位、16位と上げている。人数も約２０００万人になった。

２０１６年（平成28年）3月、日本政府は、２０２０年までに外国人観光客を現在の2倍の４０００万人、30年には3倍の６０００万人に増やす新しい目標を決めた。上のランキングなら4位の中国への旅行客数とほぼ並ぶ。この強気な目標設定の根拠は二つある。一つは２０２０年の東京オリンピック・パラリンピック開催であり、もう一つは、成長するアジア圏からの旅行客の増大だ。この根拠は弱すぎるという声もたくさんあり、円高や〝爆買いブーム〟の終焉、地震など自然災害の多さ等々否定的材料もあるが、個人的には、「それくらい行くだろう」と楽観している。

楽観するのは、日本には何度も訪れるだけの価値があると思うからだ。最近の旅行客は「モノよりコトだ」といって、伝統行事や文化遺産、自然の豊かさや美しさ、和食や住まいなどの異文化体験に「日本らしさ」を見出して楽しむ旅行客が増えているという。ネットなどに見る旅行者の感想でも、治安の良さや清潔さ、秩序、そして心づくしのサービス（おもてなし）をあげる人が多い。モノにしても細部へのこだわり、使う身になっての工夫を讃嘆する人が少なくない。その魅力や価値に一番気づいていないのは、この国に生まれ育ち、永く住んでいる日本人なのかもしれない。あまりに当然のこと、普通のことだと受け止めているからだ。

だが、これからの時代、日本人は、自らが持つ魅力と価値について、もっと自覚的になり、それを守ったり、より洗練させたり、より創造的に変えていくべきなのではないかと思う。観光客を増やすためにではなく、自分たちが迎えているRipe（成熟）な局面に適応するためだ。それは国としても、企業としても、一個の人間としても必要なことだろう。それはいたずらに礼賛することでもなく、井の中の蛙《かわず》状態になるのとは違う。老いても知性と好奇心を失わず、経験が風格と穏やかさと謙虚さ、優しさになって備わった人の姿に似ている。

三越日本橋本店と日本橋地区の老舗というのは、そのRipeな局面において、「日本の魅力」や「価値ある日本らしさ」を、懸命になって凝集し、立体的に組み上げて体感してもらおうと努力している。「カルチャーリゾート百貨店」へのリモデルプロジェクトも、着々とその全貌を見せ始めている。変わるべきもの、残すべきものを慎重に見極めながらも、改革は大胆に進めていることに感心する。周囲のCOREDOビルと共に新しい風を街に吹き込んでいる。なじみの顧客たちは、このリモデルを歓迎しているだろうし、来日する海外の旅行客には、この店にぜひ足を運んで、ゆっくりと楽しんで欲しいものだ。

本書執筆にあたり、何度も店に足を運び、たくさんの方々に取材した。誰に、どんな話をうかがえば良いかの采配をふるっていただいたのは、営業計画担当の橋本良識《よしき》さんである。永年にわたって、主にイベントのプロデュースなどを担当してきた橋本さんの人脈とセンスと人徳のおかげで、会うべき方々にお会いできた。改めて、ここに感謝しておきたい。

また、執筆の機会を与えてくれたＩＢＣパブリッシングの社長・浦さんにも改めて感謝したい。最後まで、信じて任せてくれたことが嬉しかった。友人でもある彼の好きなホラー小説の大家・スティーブン・キングは、こんなことを言っている。

「ものを書くというのは孤独な作業だ。信じてくれる者がいるといないとでは、ぜんぜんちがう。言葉に出す必要はない。たいていの場合、信じてくれているだけで充分だ。」（『書くことについて』スティーブン・キング　小学館文庫　２０１３年）

２０１６年初秋

田中 政治『商業史家　戦前の商業経営文献を語る（2010年）』
法政大学イノベーション・マネジメント研究センター
https://www.hosei.ac.jp/fujimi/riim/img/img_res/WPNo.91_tanaka

株式会社三越伊勢丹ホールディングス　ニュースリリース
http://www.imhds.co.jp/news_release/

日本橋三越本店　HP
http://mitsukoshi.mistore.jp/store/nihombashi/index.html

三越カルチャーインフォメーション（FaceBook）
https://www.facebook.com/mitsukoshicultureinfo/

平成27年3月、静岡県経済産業部農林業局茶業農産課
「静岡県茶業の現況〈お茶白書〉」
http://www.pref.shizuoka.jp/sangyou/sa-340/
documents/27ochahakusyo1.pdf

伊藤園資料「緑茶飲料市場の推移」
http://www.ocha.tv/history/japanese_tea_history/drink/

岡倉天心『茶の本』　岩波文庫

角山　栄『茶の世界史』　中公新書596

参考文献リスト

今和次郎『新版大東京案内』上巻、ちくま学芸文庫

『株式会社三越100年の記録』 株式会社三越

『東郷』 平成28年東郷会発会五十周年記念特集号

大西　洋『三越伊勢丹 ブランド力の神話　～創造と破壊はすべて「現場」から始まる～』 PHP新書

神野由紀『趣味の誕生』 勁草書房

「まち日本橋」のHP「100年老舗」
http://www.nihonbashi-tokyo.jp/enjoy/shinise.html

水野祐吉『百貨店研究』 同文舘出版

経済産業省『商業統計表¦業態別統計編 (小売業) ¦ 概況 ¦ 業態分類表』

林　洋海『〈三越〉をつくったサムライ 日比翁助』 現代書館

松實輝彦准教授『甲子園短期大学紀要 No.28 (2010) 』 中山岩太と百貨店文化――業界誌『ニュースタヂオ』の分析を中心に――
神戸大学附属図書館『新聞記事文庫 商業(1-001) 』 大阪新報 1914.4.4-1914.4.10(大正3)「百貨店経営難」

大岡　聡 (成城大学)『経済研究所報告No.52 2009』 昭和戦前・戦時期の百貨店と消費社会

初田　亨『百貨店の誕生―都市文化の近代』 ちくま学芸文庫

西谷文孝『百貨店の時代』 産経新聞出版

青木　均 (愛知学院大学)『商学研究54巻1号 (2013年) 』
http://kiyou.lib.agu.ac.jp/pdf/kiyou_05F/05_54_1F/05_54_1_1.pdf

著者プロフィール

土屋晴仁（つちや はるひと）

フリー編集者＆ライター。1949年新潟県佐渡市生まれ。東京学芸大学中退後、大手シンクタンクの嘱託広報や新聞社・出版社・広告代理店相手の制作下請け業務を経験。編集プロダクション2社を設立しICT分野に特化して自身の著書や講演も多数こなす。2004年から10年間、両親の介護と看取りのため業務を離れて郷里に。2014年に再上京して活動中。IBCパブリッシング関連の著書には『ニッポンのしきたり』などがある。

haruhito0829@gmail.com

協力　株式会社 三越伊勢丹

写真　柳　幸生

装幀　水戸部　功

編集協力　吉田　憙弘

ここに日本がある

三越日本橋本店に見る“もてなしの文化”

2016年11月7日 第1刷発行

2016年12月23日 第2刷発行

著　者　土屋　晴仁

発行者　浦　晋亮

発行所　IBCパブリッシング株式会社

〒162-0804 東京都新宿区中里町29番3号

菱秀神楽坂ビル9F

Tel. 03-3513-4511 Fax. 03-3513-4512

www.ibcpub.co.jp

印　刷　中央精版印刷株式会社

Printed in Japan

ISBN978-4-7946-0440-8